JN027705

「意味順」だからできる！

小学生のための 小学英語 総復習ドリル

田地野 彰 監修
Tajino Akira
中川 浩 著
Nakagawa Hiroshi

Jリサーチ出版

保護者のみなさまへ

1. はじめに

小学校では、2020 年度より第３・第４学年で「外国語（英語）活動」がはじまり、第５・第６学年で「外国語科（英語の教科化）」が導入されました。小学校においても英語が「教科」として扱われることになり、「コミュニケーションを図る基礎となる資質・能力」の育成という目標のもと、「読むこと」や「書くこと」も学習対象に含まれることになりました。

小学校を卒業して中学校や高校に進めば、「英語を英語で学ぶ」指導を受けるようになります。民間の教育機関による大規模調査の結果によれば、「文法が難しい」と「書くことが難しい」が英語学習につまずく理由の上位に挙げられています。英語で悩まないためにも中学校に入学するまでに基本的な英語の構造（仕組み）を理解しておくことが望まれます。

本書では、新学習指導要領の内容をふまえ、文字や語彙、文構造（文の仕組み）などについて学んだ知識を、実際のコミュニケーションで活用できるようにするためにさまざまな工夫がなされています。具体的には、難解な文法用語を介さずとも意味が伝わる英文が作成できる「意味順」を用いて、自分自身のことや身の回りのこと、興味・関心のあることなどを英語で表現する力を養うことを目指します。（「意味順」の教育効果については、さまざまな研究により検証が行われ、その高い有効性は国内外の学術論文や専門書、学術会議などを通して発表されています。）

2．「意味順」で意味から直接、英文をつくる

2.1 英語の特性

英語を学ぶには、英語の特性を理解しておくことが重要です。とりわけ次の２点は大切です。

1）英語ではふつう「だれが」（主語）が必要である。
2）英語では語句（ことば）の順序が変わると意味も変わる。

たとえば、Ken ate the apple.（ケンがそのリンゴを食べた。）と表現するところ、Ken と the apple の語句の順序を逆にして、The apple ate Ken.（そのリンゴがケンを食べた。）と言えば、意味はまったく通じません。

では、どのように語句を並べればいいのでしょうか？

語句の並べ方（文構造）については、これまで学校では「５文型」を用いた指導が一般的でした。ただ残念なことに、５文型で用いられる目的語や補語といった難解な文法用語が原因で英語が苦手になった生徒も少なくありません。本書で紹介する「意味順」を用いれば、こうした文法用語を介さずとも、感覚的に英文をつくることができます。

2.2「意味順」とは？

「意味順」とは、意味の観点から英語の文構造をとらえ直した「意味のまとまりの順序」のことです。

「だれが」「する（です）」「だれ・なに」「どこ」「いつ」

目的語や補語といった難解な文法用語を用いることなく、この「意味順」に沿って語句を並べると、意味の通じる英文をつくることができるのです！　たとえば、①「わたしは東京に住んでいます。」と②「わたしは毎日、公園でサッカーをします。」を「意味順」を用いて表現すれば、次のようになります。

例	だれが	する（です）	だれ・なに	どこ	いつ
①	わたしは	住んでいます		東京に	
	I	live		in Tokyo.	
②	わたしは	します	サッカーを	公園で	毎日
	I	play	soccer	in the park	every day.

小学生のみなさんも「意味順」を通して英語学習を楽しんでくれることを願っております。

監修者　田地野　彰
（「意味順」考案者）

もくじ

まとめのテスト

中学英語の予習

この本のとくちょうと使い方

- だれが する(です) だれ・なに どこ いつ の5つの「意味順」ボックスに当てはめるだけで正しい英語が書けるようになる！
- 「意味順」ボックスが5色で色分けされており、小学生でもわかりやすい！
- 約40のテーマごとに3つのステップで単語や文の作り方を復習！　会話でよく使うフレーズも復習できる！
- 音声(おんせい)ダウンロード付きで、発音・リスニングの練習ができる！

ステップ1

単語を覚えよう

単語(たんご)をなぞって覚(おぼ)えていきましょう。ステップ1で復習した単語を使ってステップ3で英文を作るドリルをします(一部、ドリルに使わない語句も含みます)。

音声(おんせい)のトラック番号(ばんごう)を表(あらわ)しています。

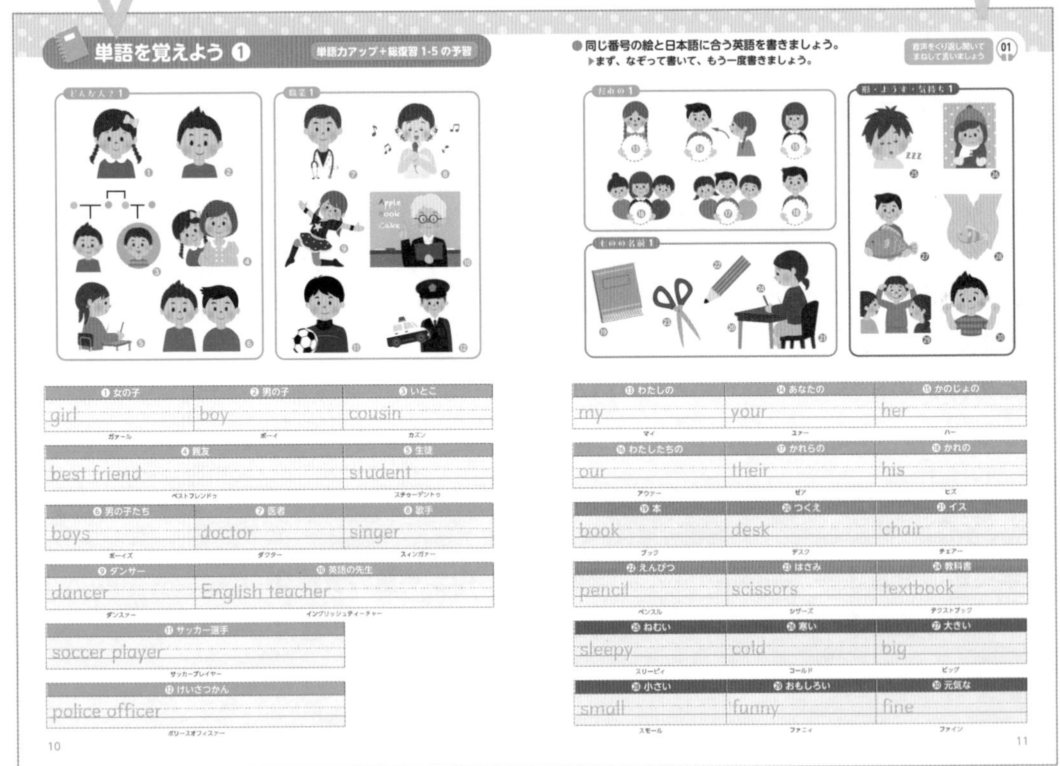

単語を覚えよう ① 単語力アップ＋総復習 1-5 の予習

● 同じ番号の絵と日本語に合う英語を書きましょう。
▶まず、なぞって書いて、もう一度書きましょう。

音声をくり返し聞いてまねして言いましょう 01

① 女の子	② 男の子	③ いとこ
girl ガァール	boy ボーイ	cousin カズン

④ 親友	⑤ 生徒
best friend ベストフレンドゥ	student スチューデントゥ

⑥ 男の子たち	⑦ 医者	⑧ 歌手
boys ボーイズ	doctor ダクター	singer スィンガァー

⑨ ダンサー	⑩ 英語の先生
dancer ダンスァー	English teacher イングリッシュティーチャー

⑪ サッカー選手
soccer player サッカープレイヤー

⑫ けいさつかん
police officer ポリースオフィスァー

10

⑬ わたしの	⑭ あなたの	⑮ かのじょの
my マイ	your ユァー	her ハー
⑯ わたしたちの	⑰ かれらの	⑱ かれの
our アウァー	their ゼア	his ヒズ
⑲ 本	⑳ つくえ	㉑ イス
book ブック	desk デスク	chair チェアー
㉒ えんぴつ	㉓ はさみ	㉔ 教科書
pencil ペンスル	scissors シザーズ	textbook テクストブック
㉕ ねむい	㉖ 寒い	㉗ 大きい
sleepy スリーピィ	cold コールド	big ビッグ
㉘ 小さい	㉙ おもしろい	㉚ 元気な
small スモール	funny ファニィ	fine ファイン

11

ステップ2

Lesson（左ページ）

1つ1つテーマを立てて、英文の形や作り方のルールを学びます。

ステップ3

Lesson（右ページ）

単語や文の作り方を覚えたか、「復習ドリル」でチェックします。

Lesson 1

学習のテーマ　しょうかいしよう①

■ 意味順ボックスでスッキリ整理！

だれが	する（です）	だれ・なに	どこ	いつ
I 【人称代名詞】	am 【be動詞】	Tomoko. 【単数形】		

この文を作ってみよう　**わたしはトモコです。**　02

Point 1　人称代名詞　I／you／he／she　we／you／they

「わたしは」や「かのじょは」など、「だれだれは」は次のように言います。「〇〇は」は だれが に入れます。

わたしは	あなたは	かれは	かのじょは
I	you	he	she

Point 2　be動詞　am／are／is　was／were

「～は～です。」の「です」にあたることばが、英語ではam、are、isの3つあります。「～は」に何が来るかによって変わります。これらはbe動詞といい、イコール（＝）の意味をもちます。be動詞は する（です） に入れます。

I	you	he	she
am	are	is	is

Point 3　語順　「わたしは～です」は「わたしは」「です」「～」の順

英語で「わたしはトモコです。」と言うときは、イコールの意味をもつbe動詞が「わたし＝トモコ」と同じところにきて、下のようになります。「〇〇です」の「〇〇」は、だれ・なに に入れます。

だれが	する（です）	だれ・なに	どこ	いつ
わたしは	です	トモコ		
I	am	Tomoko.		

Point 4　単数形　「1つ」を表す“a”

「生徒です。」「先生です。」などと言いたいときは、「1つや1人であること」を表す“a”を単語の前に置きます。

だれが	する（です）	だれ・なに	どこ	いつ
わたしは	です	生徒		
I	am	a student.		

12

復習ドリル　日本語の文に合うように、ボックスに単語を入れて英語の文を作りましょう。　／6

① わたしは医者です。

② ナツは女の子です。

③ かのじょは歌手です。

④ かれはヒロシです。

⑤ あなたは英語の先生です。

⑥ ツバサはサッカー選手です。

だれが	する（です）	だれ・なに	どこ	いつ

✓ 答え合わせ＋声出し練習

● まちがったところがあったら、ボックスの下に正しい答えを書きましょう。

● 正しい英語の文の音声を聞いて、まねして声に出して言いましょう。

13

フレーズのまとめ①

● あいさつをする

Hello.　こんにちは。

Hi.　やあ。

Good morning.　おはようございます。

Good afternoon.　こんにちは。

Good evening.　こんばんは。

Goodbye.　さようなら。

See you.　またね。

Good night.　おやすみなさい。

● 初めて会う人にあいさつをする

Nice to meet you.　はじめまして。

Nice to meet you, too.　こちらこそ、はじめまして。

● 相手が元気かたずねる

How are you?　元気ですか？

I'm fine. And you?　元気です。あなたは？

I feel so good.　とても気分がいいです。

● お礼を言う

Thank you.　ありがとう。

You're welcome.　どういたしまして。

会話にチャレンジ

Aiko:

Mike:

Aiko:

Her friend:

フレーズのまとめ

あいさつや会話でよく使うフレーズを復習します。

音声ダウンロードについて

この本の音声は、英語→日本語の順番に流れます。
単語と文の発音・リスニングの確認、練習にご活用ください。

おうちの人にやってもらってね！

かんたん！　音声ダウンロードのしかた

STEP1　商品ページにアクセス！ 方法は次の3とおり！

● QRコードを読み取ってアクセス。

● **https://www.jresearch.co.jp/book/b619303.html** を入力してアクセス。

● Ｊリサーチ出版のホームページ（**https://www.jresearch.co.jp/**）にアクセスして、「キーワード」に書籍名を入れて検索。

STEP2　ページ内にある「音声ダウンロード」ボタンをクリック！

STEP3　ユーザー名「**1001**」、パスワード「**25878**」を入力！

STEP4　音声の利用方法は2とおり！学習スタイルに合わせた方法でお聴きください！

● 「音声ファイル一括ダウンロード」より、ファイルをダウンロードして聴く。

● ▶ボタンを押して、その場で再生して聴く。

※ダウンロードした音声ファイルは、パソコン・スマートフォンなどでお聴きいただくことができます。一括ダウンロードの音声ファイルは .zip 形式で圧縮してあります。解凍してご利用ください。ファイルの解凍がうまくできない場合は、直接の音声再生も可能です。

音声ダウンロードについてのお問い合わせ先：toiawase@jresearch.co.jp（受付時間：平日9時～18時）

小学英語の総復習

「意味順」って何のこと？

英語は、

だれが	する（です）	だれ・なに	どこ	いつ

という順番で意味がまとまっているんだ。
この「意味のまとまりの順序」のことを「意味順」と呼ぶよ。

たとえば、「わたしは犬をかっています。」なら、

だれが ＝わたしは（英語では "I"）

する（です） ＝かっている（英語では "have"）

だれ・なに ＝犬を（英語では "a dog"）

という順序に英語をあてはめると、

I have a dog.

という英語の文がかんたんに作れるんだ！

この本では、上の５つのボックスのことを「意味順」ボックスと呼んでいるよ。
言いたいことを英語で伝えられるように、いっしょに「意味順」を楽しみながら学習しよう！

単語を覚えよう ❶

単語力アップ＋総復習 1-5 の予習

どんな人？1

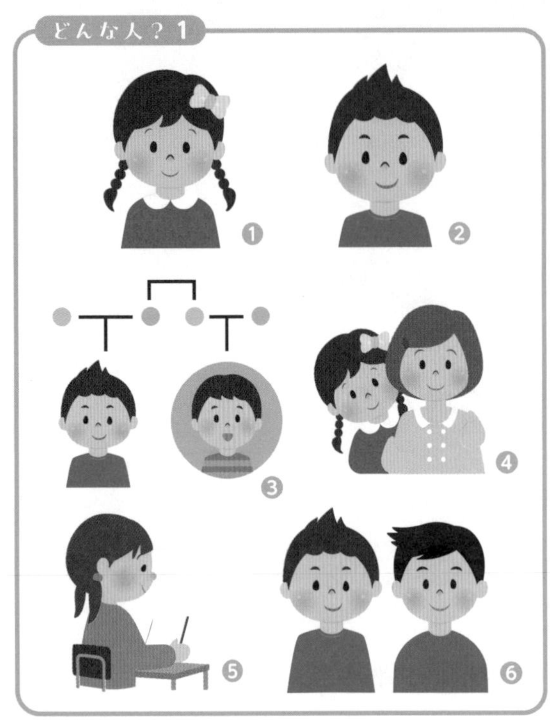

職業 1

❶ 女の子	❷ 男の子	❸ いとこ
girl	boy	cousin
ガァール	ボーイ	カズン

❹ 親友	❺ 生徒
best friend	student
ベストフレンドゥ	スチゥーデントゥ

❻ 男の子たち	❼ 医者	❽ 歌手
boys	doctor	singer
ボーイズ	ダクター	スィンガァー

❾ ダンサー	❿ 英語の先生
dancer	English teacher
ダンスァー	イングリッシュティーチャー

⓫ サッカー選手
soccer player
サッカープレイヤー

⓬ けいさつかん
police officer
ポリースオフィスァー

● 同じ番号の絵と日本語に合う英語を書きましょう。
▶まず、なぞって書いて、もう一度書きましょう。

音声をくり返し聞いて
まねして言いましょう

だれの 1

ものの名前 1

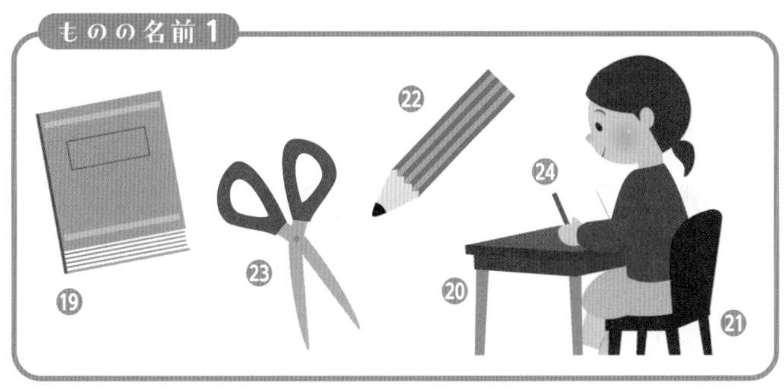

形・ようす・気持ち 1

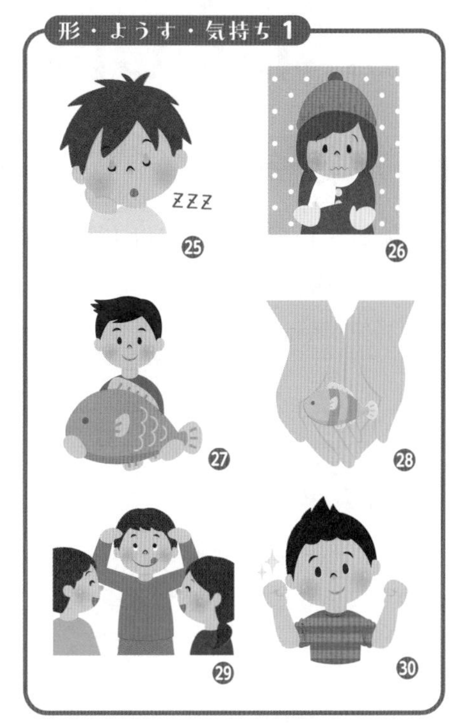

⑬ わたしの	⑭ あなたの	⑮ かのじょの
my	your	her
マイ	ユアー	ハー

⑯ わたしたちの	⑰ かれらの	⑱ かれの
our	their	his
アウァー	ゼア	ヒズ

⑲ 本	⑳ つくえ	㉑ イス
book	desk	chair
ブック	デスク	チェアー

㉒ えんぴつ	㉓ はさみ	㉔ 教科書
pencil	scissors	textbook
ペンスル	シザーズ	テクストブック

㉕ ねむい	㉖ 寒い	㉗ 大きい
sleepy	cold	big
スリーピィ	コールド	ビッグ

㉘ 小さい	㉙ おもしろい	㉚ 元気な
small	funny	fine
スモール	ファニィ	ファイン

学習のテーマ しょうかいしよう①

意味順ボックスでスッキリ整理！

だれが	する（です）	だれ・なに	どこ	いつ
I 【人称代名詞】	am 【be動詞】	Tomoko. 【単数形】		

この文を作ってみよう

わたしはトモコです。

02

Point 1 人称代名詞（にんしょうだいめいし） I／you／he／she we／you／they

「わたしは」や「かのじょは」など、「だれだれは」は次のように言います。「○○は」は だれが に入れます。

わたしは	あなたは	かれは	かのじょは
I	you	he	she

Point 2 be動詞（どうし） am／are／is was／were

「～は～です。」の「です」にあたることばが、英語ではam、are、isの３つあります。「～は」に何が来るかによって変わります。これらはbe動詞といい、イコール（＝）の意味をもちます。be動詞は する（です） に入れます。

I	you	he	she
am	are	is	is

Point 3 語順 「わたしは～です」は「わたしは」「です」「～」の順

英語で「わたしはトモコです。」と言うときは、イコールの意味をもつbe動詞が「わたし＝トモコ」と同じところにきて、下のようになります。「○○です」の「○○」は、 だれ・なに に入れます。

だれが	する（です）	だれ・なに	どこ	いつ
わたしは	です	トモコ		
I	am	Tomoko.		

Point 4 単数形 「1つ」を表す“a”

「生徒です。」「先生です。」などと言いたいときは、「1つや1人であること」を表す“ a ”を単語の前に置きます。

だれが	する（です）	だれ・なに	どこ	いつ
わたしは	です	生徒		
I	am	a student.		

復習ドリル

日本語の文に合うように、ボックスに単語を入れて英語の文を作りましょう。

／6

① わたしは医者です。

だれが	する（です）	だれ・なに	どこ	いつ

② ナツは女の子です。

だれが	する（です）	だれ・なに	どこ	いつ

③ かのじょは歌手です。

だれが	する（です）	だれ・なに	どこ	いつ

④ かれはヒロシです。

だれが	する（です）	だれ・なに	どこ	いつ

⑤ あなたは英語の先生です。

だれが	する（です）	だれ・なに	どこ	いつ

⑥ ツバサはサッカー選手です。

だれが	する（です）	だれ・なに	どこ	いつ

答え合わせ＋声出し練習

- まちがったところがあったら、ボックスの下に正しい答えを書きましょう。
- 正しい英語の文の音声を聞いて、まねして声に出して言いましょう。

Lesson 2

意味順ボックスでスッキリ整理！

だれが	する（です）	だれ・なに	どこ	いつ
We 【人称代名詞】	are 【be動詞】	students. 【複数形】		

学習のテーマ　しょうかいしよう❷

この文を作ってみよう

わたしたちは生徒です。

03

Point 1 人称代名詞（にんしょうだいめいし）　we／you／they

「わたしたちは」「あなたたちは」「かれら／かのじょらは」などは次のように言います。「○○は」は だれが に入れます。

わたしたちは	あなたたちは	かれらは／かのじょらは
we	you	they

Point 2 語順　「わたしたちは～です」は「わたしたちは」「です」「～」の順番

「わたしたちは」「あなたたちは」「かれらは」「かのじょらは」を使うときはすべてareを使います。英語で「わたしたちは生徒です。」と言うときは、イコールの意味をもつbe動詞（どうし）が「わたしたち」と「生徒」の間に入り、次のような文になります。「○○です」の「○○」は、 だれ・なに に入れます。

だれが	する（です）	だれ・なに	どこ	いつ
わたしたちは	です	生徒		
We	are	students.		

Point 3 複数形　「２つ以上」を表す“s”

「かれらは先生（たち）です。」などのように「２つ以上や２人以上であること」を複数形と言い、単語の最後に“s”または“es”をつけます。

だれが	する（です）	だれ・なに	どこ	いつ
かれらは	です	先生		
They	are	teachers.		

sをつけるよ

日本語の文に合うように、ボックスに
単語を入れて英語の文を作りましょう。

／6

① わたしたちは女の子です。

だれが	する（です）	だれ・なに	どこ	いつ

② あなたたちはけいさつかんです。

だれが	する（です）	だれ・なに	どこ	いつ

③ かれらは男の子です。

だれが	する（です）	だれ・なに	どこ	いつ

④ かのじょたちはダンサーです。

だれが	する（です）	だれ・なに	どこ	いつ

⑤ かれらはいとこです。

だれが	する（です）	だれ・なに	どこ	いつ

⑥ わたしたちは親友です。

だれが	する（です）	だれ・なに	どこ	いつ

答え合わせ＋声出し練習

- まちがったところがあったら、ボックスの下に正しい答えを書きましょう。
- 正しい英語の文の音声を聞いて、まねして声に出して言いましょう。

Lesson 3

学習のテーマ　ものについて説明しよう

■ 意味順ボックスでスッキリ整理！

だれが	する（です）	だれ・なに	どこ	いつ
This/These【指示代名詞】	is/are【be動詞】	a pen/pens.【単数形／複数形】		

これはペンです。

04

Point 1 指示代名詞（だいめいし）　this／that／it／these／those／they

「これは」「あれは」「それは」「これらは」「あれらは」「それらは」などは、それぞれ次のように言います。「○○は」は だれが に入れます。

これは	あれは	それは
this	that	it
これらは	あれらは	それらは
these	those	they

Point 2 be動詞（どうし）　is／are

1つのものを表す「これは」「あれは」「それは」のときはisを使い、2つ以上のものを表す「これらは」「あれらは」「それらは」のときはareを使います。be動詞は する（です） に入れます。

this	that	it
is	is	is
these	those	they
are	are	are

Point 3 語順　「これは～です」は「これは」「です」「～」の順番

英語で「これはペンです。」と言うときは、次のようになります。「あれは～です」「それは～です」「これらは～です」なども同じ順番です。「それらはイヤホンです。」のように、Theyは人（かれらは／かのじょらは）にも、モノやコト（それらは）にも使えます。「これは」「それらは」は だれが に入れ、「○○です」の「○○」は、 だれ・なに に入れます。

だれが	する（です）	だれ・なに	どこ	いつ
これは	です	ペン		
This	is	a pen.		

だれが	する（です）	だれ・なに	どこ	いつ
それらは	です	イヤホン		
They	are	earphones.		

sをつけるよ

日本語の文に合うように、ボックスに単語を入れて英語の文を作りましょう。

1 これは本です。

だれが	する（です）	だれ・なに	どこ	いつ

2 これらは教科書です。

だれが	する（です）	だれ・なに	どこ	いつ

3 あれはつくえです。

だれが	する（です）	だれ・なに	どこ	いつ

4 あれらはイスです。

だれが	する（です）	だれ・なに	どこ	いつ

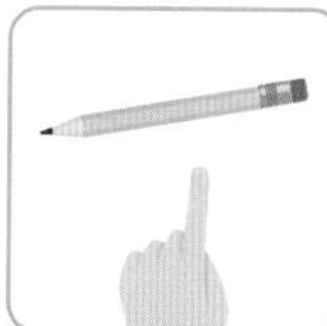

5 それはえんぴつです。

だれが	する（です）	だれ・なに	どこ	いつ

6 それらはハサミです。

だれが	する（です）	だれ・なに	どこ	いつ

答え合わせ＋声出し練習

- まちがったところがあったら、ボックスの下に正しい答えを書きましょう。
- 正しい英語の文の音声を聞いて、まねして声に出して言いましょう。

Lesson 4

学習のテーマ　だれのもの・どんな人か説明しよう

■ 意味順ボックスでスッキリ整理！

だれが	する（です）	だれ・なに	どこ	いつ
Your father【所有格＋名詞】	is【be動詞】	a doctor.【単数形】		

あなたのお父さんは医者です。

05

Point 1 所有格（しょゆうかく）　my／his／her／our／your／their

「わたしの」「かれの」「かれらの」などは、下の表のように言います。「あなたの」「あなたたちの」はyour、「かれらの」「かのじょらの」はtheirと、同じ形になることに注意しましょう。

わたしの	かれの	かのじょの	わたしたちの	あなたの／あなたたちの	かれらの／かのじょらの
my	his	her	our	your	their

● あなたのお父さんは医者です。

だれが	する（です）	だれ・なに	どこ	いつ
あなたのお父さんは	です	医者		
Your father	is	a doctor.		

● ヒサエはわたしのお母さんです。

だれが	する（です）	だれ・なに	どこ	いつ
ヒサエは	です	わたしのお母さん		
Hisae	is	my mother.		

Point 2 所有格　「だれだれの」を使うときは単数のaは使わない

myやyourなどを使って「だれだれの○○」と言うときは、名詞（めいし）が1つや1人でもａはつけません。ただし、複数のときは「複数のｓ」を名詞の最後につけます。

ペン	わたしのペン（単数）	わたしのペン（複数）
a pen/pens 単数形／複数形	my pen my a pen とはしない	my pens 複数のｓ

Point 3 アポストロフィーS　「's」で持ち主を表す

「トモコの～」など、具体的な人の名前を使う場合は「○○'s ～」という形にします。

● これはトモコのつくえです。

だれが	する（です）	だれ・なに	どこ	いつ
これは	です	トモコのつくえ		
This	is	Tomoko's desk.		

復習ドリル

日本語の文に合うように、ボックスに単語を入れて英語の文を作りましょう。

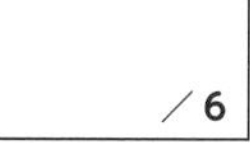

／6

1 かのじょはわたしのお姉さんです。

だれが	する（です）	だれ・なに	どこ	いつ

2 かれはかれらのお父さんです。

だれが	する（です）	だれ・なに	どこ	いつ

3 あなたの弟はサッカー選手です。

だれが	する（です）	だれ・なに	どこ	いつ

4 これはわたしのスマートフォンです。

だれが	する（です）	だれ・なに	どこ	いつ

5 マイクはわたしたちの英語の先生です。

だれが	する（です）	だれ・なに	どこ	いつ

6 それはトモコの車です。

だれが	する（です）	だれ・なに	どこ	いつ

答え合わせ＋声出し練習

- まちがったところがあったら、ボックスの下に正しい答えを書きましょう。
- 正しい英語の文の音声を聞いて、まねして声に出して言いましょう。

Lesson 5

学習のテーマ　形・ようす・気持ちを伝えよう

■ 意味順ボックスでスッキリ整理！

だれが	する（です）	だれ・なに	どこ	いつ
I 【人称代名詞】	am 【be動詞】	busy. 【形容詞】		

この文を作ってみよう

わたしはいそがしいです。

06

Point 1　形容詞　「ようす」や「状態」を表すことば

「暑い」や「寒い」など、物事のようすや状態を表す単語を形容詞と言います。形容詞は最後が「い」や「な」で終わるものが多いです。

暑い	寒い	いそがしい
hot	cold	busy
きれいな	**大きい**	**小さい**
clean	big	small

Point 2　形容詞の位置　形容詞は だれ・なに に入れる

「わたしはいそがしいです。」という文では、「わたし（主語）」のようすを「いそがしい」と表しています。「わたしは生徒です。」の「生徒」と同じですね。したがって、このような形容詞は だれ・なに に入ります。

だれが	する（です）	だれ・なに	どこ	いつ
わたしは	です	いそがしい		
I	am	busy.		

Point 3　形容詞の位置　ようすを表す単語（形容詞）は名詞の前にも使える

「これは大きい家です。」という文では、「家」のようすについて、形容詞の「大きい（big）」を使って表しています。

だれが	する（です）	だれ・なに	どこ	いつ
これは	です	大きい家		
This	is	a big house.		

日本語の文に合うように、ボックスに
単語を入れて英語の文を作りましょう。

／6

❶ ヒロシはねむいです。

だれが	する（です）	だれ・なに	どこ	いつ

❷ 冬は寒いです。

だれが	する（です）	だれ・なに	どこ	いつ

❸ このＴシャツは小さいです。

だれが	する（です）	だれ・なに	どこ	いつ

❹ あれは大きな犬です。

だれが	する（です）	だれ・なに	どこ	いつ

❺ わたしたちの先生はおもしろいです。

だれが	する（です）	だれ・なに	どこ	いつ

❻ かれのクラスメイトは元気です。

だれが	する（です）	だれ・なに	どこ	いつ

答え合わせ＋声出し練習

- まちがったところがあったら、ボックスの下に正しい答えを書きましょう。
- 正しい英語の文の音声を聞いて、まねして声に出して言いましょう。

単語を覚えよう ②

単語力アップ＋総復習 6-10 の予習

① 友だち	② コーチ
friend	coach
フレンドゥ	コォーチ

③ チームメイト	④ クラスメイト
teammate	classmate
ティームメイトゥ	クラスメイトゥ

⑤ 食べる	⑥（スポーツなどを）する	⑦ ～を聞く
eat	play	listen to
イートゥ	プレイ	リッスントゥ

⑧ 読む	⑨ 書く	⑩ 手伝う
read	write	help
リードゥ	ゥライトゥ	ヘウプ

⑪ 見る	⑫ 開ける	⑬ かんごし
watch	open	nurse
ゥワッチ	オウプン	ナース

⑭ パイロット	⑮ バス運転手
pilot	bus driver
パイロッ	バスドライヴァー

● 同じ番号の絵と日本語に合う英語を書きましょう。
▶まず、なぞって書いて、もう一度書きましょう。

音声をくり返し聞いて
まねして言いましょう

食べ物1

月の名前

⑯ みかん	⑰ すいか
orange	watermelon
オレンジ	ワーラーメロン

⑱ ぶどう	⑲ 1月	⑳ 2月
grape	January	February
グレイプ	ジャニュアリー	フェブュラリー

㉑ 3月	㉒ 4月	㉓ 5月
March	April	May
マーチ	エイプリル	メイ

㉔ 6月	㉕ 7月	㉖ 8月
June	July	August
ジュン	ジュライ	オウグスト

㉗ 9月	㉘ 10月
September	October
セプテンバァ	オクトウバァ

㉙ 11月	㉚ 12月
November	December
ノウヴェンバァ	ディッセンバァ

＊㉕㉖以外は復習ドリルでは使われていませんが、重要なので1月～12月までセットで確認(かくにん)しましょう。

Lesson 6

学習のテーマ　何をするか、伝えよう①

■ 意味順ボックスでスッキリ整理！

だれが	する（です）	だれ・なに	どこ	いつ
I 【人称代名詞】	speak 【動詞】	English. 【名詞】		

この文を作ってみよう　**わたしは英語を話します。**　08

Point 1 動詞　毎日する動作を表すことばはしっかり覚えよう

「書く」「顔を洗う」「歯をみがく」など、いろいろな動作を表すことばのことを動詞と言います。

話す	聞く	読む	書く
speak	listen	read	write
食べる	**飲む**	**洗う**	**みがく**
eat	drink	wash	brush

Point 2 語順　「～する」は する（です） に、「～を」は だれ・なに に入れる

「わたしは英語を話します。」という文では、「話します」は する（です） に、「英語を」は だれ・なに に入れます。

だれが	する（です）	だれ・なに	どこ	いつ
わたしは	話します	英語を		
I	speak	English.		

Point 3 三人称単数形のルール　「かれ」「かのじょ」「それ」は動詞に"s"をつける

「かれ」「かのじょ」「それ」は三人称単数と言い、それらを主語にして現在のことについて言うときは、動詞の最後にsをつけます。

● **かれは朝食を食べます。**

だれが	する（です）	だれ・なに	どこ	いつ
かれは	食べます	朝食を		
He	eats	breakfast.		

sをつけるよ

一人称（単数）	二人称（単数）	三人称（複数）
わたし	あなた	かれら
I	you	they
三人称（単数）	**三人称（単数）**	**三人称（単数）**
かれ	かのじょ	わたしのネコ
he	she	my cat

日本語の文に合うように、ボックスに単語を入れて英語の文を作りましょう。

1 ユウタは手紙を書きます。

だれが	する（です）	だれ・なに	どこ	いつ

Sをつけるよ

2 あなたは教科書を読みます。

だれが	する（です）	だれ・なに	どこ	いつ

3 かれらはサッカーをします。

だれが	する（です）	だれ・なに	どこ	いつ

4 かのじょは音楽を聞きます。

だれが	する（です）	だれ・なに	どこ	いつ

Sをつけるよ

「(音楽を) 聞く」は listen to ～を使うよ

5 わたしのネコはキャットフードを食べます。

だれが	する（です）	だれ・なに	どこ	いつ

Sをつけるよ

6 わたしはテレビを見ます。

だれが	する（です）	だれ・なに	どこ	いつ

答え合わせ＋声出し練習

- まちがったところがあったら、ボックスの下に正しい答えを書きましょう。
- 正しい英語の文の音声を聞いて、まねして声に出して言いましょう。

Lesson 7

学習のテーマ　質問しよう①

意味順ボックスでスッキリ整理！

たまてばこ	だれが	する（です）	だれ・なに
Is/Are【be動詞】	she/they【人称代名詞】	(Is/Are)【be動詞】	your friend/friends?【単数形／複数形】

この文を作ってみよう　**かのじょはあなたの友だちですか？**　09

Point 1 疑問文　be動詞を使った質問の文の作り方

be動詞を使って「○○ですか？」とたずねるときは、be動詞を する（です） から たまてばこ に移動させ、文の最後に？をつけます。話すときは、文の最後の部分を上がり調子に言います。

たまてばこ	だれが	する（です）	だれ・なに	どこ	いつ
	かのじょは She	です is	あなたの友だち your friend.		

たまてばこ	だれが	する（です）	だれ・なに	どこ	いつ
ですか？ Is	かのじょは she	です is	あなたの友だち your friend?		

文の最後に？をつける

Point 2 Yes と No　質問の答え方

質問に答えるときは、「はい（Yes）」、または「いいえ（No）」を たまてばこ に入れます。「いいえ」のときはnotを する（です） のbe動詞の後ろにつけます。

たまてばこ	だれが	する（です）	だれ・なに	どこ	いつ
はい、 Yes,	かのじょは she	です is	わたしの友だち my friend.		

たまてばこ	だれが	する（です）	だれ・なに	どこ	いつ
いいえ、 No,	かのじょは she	ではありません is not	わたしの友だち my friend.		

Point 3 否定文　「○○ではありません」の作り方

ポイント②のように、する（です） にあるbe動詞の後ろにnotを足すだけで、「○○ではありません」という否定文もかんたんにできます。

だれが	する（です）	だれ・なに	どこ	いつ
わたしは I	ではありません am not	サッカーのコーチ a soccer coach.		

だれが	する（です）	だれ・なに	どこ	いつ
かのじょたちは They	ではありません are not	わたしのチームメイト my teammates.		

Point 4 短縮形　「○○ではありません」を表すis notやare notは短くすることもできる

is	is not → isn't

are	are not → aren't

日本語の文に合うように、ボックスに単語を入れて英語の文を作りましょう。

1 かのじょは看護師ですか？

たまてばこ	だれが	する（です）	だれ・なに	どこ	いつ

2 はい、かのじょは看護師です。

たまてばこ	だれが	する（です）	だれ・なに	どこ	いつ

3 かれはあなたのクラスメイトですか？

たまてばこ	だれが	する（です）	だれ・なに	どこ	いつ

4 いいえ、かれはちがいます。

たまてばこ	だれが	する（です）	だれ・なに	どこ	いつ

ヒント だれ・なに に入ることばを省略して答えよう。

5 ヒロシのお父さんはパイロットですか？

たまてばこ	だれが	する（です）	だれ・なに	どこ	いつ

6 いいえ、かれのお父さんはバスの運転手です。

たまてばこ	だれが	する（です）	だれ・なに	どこ	いつ

答え合わせ＋声出し練習

- まちがったところがあったら、ボックスの下に正しい答えを書きましょう。
- 正しい英語の文の音声を聞いて、まねして声に出して言いましょう。

Lesson 8

学習のテーマ　質問しよう②

意味順ボックスでスッキリ整理！

たまてばこ	だれが	する(です)	だれ・なに
Do/Does【助動詞】	you/he【人称代名詞】	use【動詞(原形)】	a computer/computers?【単数形／複数形】

この文を作ってみよう　あなたはパソコンを使いますか？　10

Point 1 疑問文（ぎもんぶん）　質問の文の作り方

一般動詞（いっぱんどうし）を使って「あなたは○○しますか？」とたずねるときは、主語（しゅご）がyou（二人称）になるので たまてばこ にDoを入れます。文の最後に？をつけましょう。

たまてばこ	だれが	する（です）	だれ・なに	どこ	いつ
しますか？	あなたは	使う	コンピューターを		
Do	you	use	computers?		

動詞は原形だよ　文の最後に？をつける

Point 2 Yes と No　質問の答え方

質問に答えるときは、「はい（Yes）」、または「いいえ（No）」を たまてばこ に入れます。「あなたは○○しますか？」と聞かれているので、「わたしは（I）」で答えます。「いいえ」で答えるときは、do not (don't)を する（です） に入れます。

たまてばこ	だれが	する（です）	だれ・なに	どこ	いつ
はい、	わたしは	使います	コンピューターを		
Yes,	I	use	computers.		

たまてばこ	だれが	する（です）	だれ・なに	どこ	いつ
いいえ、	わたしは	使いません	コンピューターを		
No,	I	don't use	computers.		

Point 3 否定文（ひていぶん）　「○○しません」の作り方

主語がHe, She, Itなどの三人称単数（さんにんしょうたんすう）のときは、DoではなくDoesを使って質問します。「いいえ」で答えるときは、don'tではなくdoesn'tを使います。

たまてばこ	だれが	する（です）	だれ・なに	どこ	いつ
	かのじょのお父さんは	作ります	夕食を		
	Her father	cooks	dinner.		

たまてばこ	だれが	する（です）	だれ・なに	どこ	いつ
しますか？	かのじょのお父さんは	作る	夕食を		
Does	her father	cook	dinner?		

たまてばこ	だれが	する（です）	だれ・なに	どこ	いつ
いいえ、	かのじょのお父さんは	作りません	夕食を		
No,	her father	doesn't cook	dinner.		

日本語の文に合うように、ボックスに単語を入れて英語の文を作りましょう。

／6

1 あなたはお母さんを手伝いますか？

たまてばこ	だれが	する（です）	だれ・なに	どこ	いつ

2 はい、わたしはお母さんを手伝います。

たまてばこ	だれが	する（です）	だれ・なに	どこ	いつ

3 かのじょは映画（えいが）を見ますか？

たまてばこ	だれが	する（です）	だれ・なに	どこ	いつ

4 いいえ、かのじょは映画を見ません。

たまてばこ	だれが	する（です）	だれ・なに	どこ	いつ

5 ヒロシはドアを開けますか？

たまてばこ	だれが	する（です）	だれ・なに	どこ	いつ

6 いいえ、かれはドアを開けません。

たまてばこ	だれが	する（です）	だれ・なに	どこ	いつ

答え合わせ＋声出し練習

- まちがったところがあったら、ボックスの下に正しい答えを書きましょう。
- 正しい英語の文の音声を聞いて、まねして声に出して言いましょう。

Lesson 9

学習のテーマ いつか、たずねよう

■ 意味順ボックスでスッキリ整理！

たまてばこ	だれが	する(です)	だれ・なに	どこ	いつ
When is 【疑問詞＋be動詞】	your birthday? 【名詞】				

この文を作ってみよう

あなたの誕生日はいつですか？

11

Point 1 Whenの疑問文　「いつ○○ですか？」はWhenで表す

「～です」や「～ですか？」という文を作るときは、be動詞を使います。「～はいつですか？」と質問するときは、「いつ？」を表すWhenとbe動詞を使います。疑問を表すことばは文の最初に置きますので、Whenとbe動詞を たまてばこ に入れます。

たまてばこ	だれが	する（です）	だれ・なに	どこ	いつ
いつですか？	あなたの誕生日は				
When is	your birthday?				

文の最後に？をつける

Point 2 質問の答え方　Whenで聞かれたときの答え方

「～はいつですか？」と聞かれているので、答えは いつ に入れます。

たまてばこ	だれが	する（です）	だれ・なに	どこ	いつ
	わたしの誕生日は	です			12月1日
	My birthday	is			December 1st.

Point 3 月と日にち　日にちの言い方

日にちの言い方はいくつかありますが、ここでは主なものを覚えましょう。

● 月の言い方

1月	2月	3月	4月	5月	6月
January	February	March	April	May	June
7月	8月	9月	10月	11月	12月
July	August	September	October	November	December

● 日にちの言い方

1日 ➡ 1st first	2日 ➡ 2nd second	3日 ➡ 3rd third	4日 ➡ 4th fourth	5日 ➡ 5th fifth
6日 ➡ 6th sixth	7日 ➡ 7th seventh	8日 ➡ 8th eighth	9日 ➡ 9th ninth	10日 ➡ 10th tenth
11日 ➡ 11th eleventh	12日 ➡ 12th twelfth	13日 ➡ 13th thirteenth	14日 ➡ 14th fourteenth	15日 ➡ 15th fifteenth
16日 ➡ 16th sixteenth	17日 ➡ 17th seventeenth	18日 ➡ 18th eighteenth	19日 ➡ 19th nineteenth	20日 ➡ 20th twentieth

表の例と同じように、21日・31日はfirstを表す“st”、22日はsecondを表す“nd”、23日はthirdを表す“rd”が、数字の終わりにつきます。

日本語の文に合うように、ボックスに単語を入れて英語の文を作りましょう。

❶ ヒロシの誕生日はいつですか？

たまてばこ	だれが	する（です）	だれ・なに	どこ	いつ

❷ かれの誕生日は8月2日です。

たまてばこ	だれが	する（です）	だれ・なに	どこ	いつ

❸ 英語のテストはいつですか？

たまてばこ	だれが	する（です）	だれ・なに	どこ	いつ

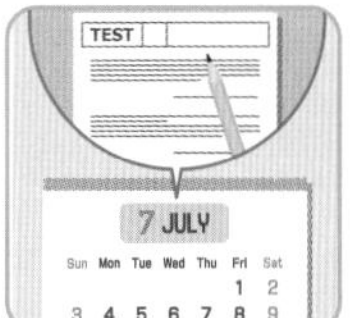

❹ 英語のテストは7月です。

だれが	する（です）	だれ・なに	どこ	いつ

❺ 夏休みはいつですか？

たまてばこ	だれが	する（です）	だれ・なに	どこ	いつ

❻ 夏休みは8月です。

だれが	する（です）	だれ・なに	どこ	いつ

✓ 答え合わせ＋声出し練習

- まちがったところがあったら、ボックスの下に正しい答えを書きましょう。
- 正しい英語の文の音声を聞いて、まねして声に出して言いましょう。

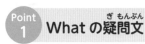

Lesson 10

学習のテーマ　何か、たずねよう

■ 意味順ボックスでスッキリ整理！

たまてばこ	だれが	する（です）	だれ・なに	どこ	いつ
What is/are 【疑問視＋be動詞】	this/they? 【指示代名詞】				

この文を作ってみよう

これは何ですか？

12

Point 1　What の疑問文　「何」はWhatで表す

「何」はWhatで表します。「～は何ですか？」と質問するときは、Whatとbe動詞を たまてばこ に入れます。

● これは何ですか？

たまてばこ	だれが	する（です）	だれ・なに	どこ	いつ
何ですか？	これは				
What is	this?				

Point 2　質問の答え方　Whatで聞かれたときの答え方

「～は何ですか？」と聞かれているので、答えは だれ・なに に入れます。

● これはレモンです。

たまてばこ	だれが	する（です）	だれ・なに	どこ	いつ
	これは	です	レモン		
	This	is	a lemon.		

Point 3　単数と複数　単数にはis、複数にはareを使う

「これは」や「あれは」など単数を表す単語のときは、be動詞はisを使いましょう。「それら」「これら」「あれら」など複数を表す単語のときは、be動詞はareを使いましょう。

● あれは何ですか？

たまてばこ	だれが	する（です）	だれ・なに	どこ	いつ
何ですか？	あれは				
What is	that?				

● あれはりんごです。

たまてばこ	だれが	する（です）	だれ・なに	どこ	いつ
	あれは	です	りんご		
	That	is	an apple.		

● それらは何ですか？

たまてばこ	だれが	する（です）	だれ・なに	どこ	いつ
何ですか？	それらは				
What are	they?				

● それらはバナナです。

たまてばこ	だれが	する（です）	だれ・なに	どこ	いつ
	それらは	です	バナナ		
	They	are	bananas.		

日本語の文に合うように、ボックスに単語を入れて英語の文を作りましょう。

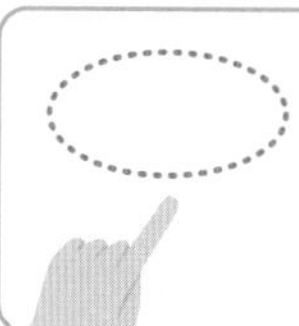

1 これらは何ですか？

たまてばこ	だれが	する（です）	だれ・なに	どこ	いつ

2 これらはみかんです。

だれが	する（です）	だれ・なに	どこ	いつ

3 それは何ですか？

たまてばこ	だれが	する（です）	だれ・なに	どこ	いつ

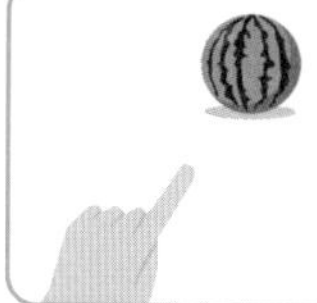

4 それはすいかです。

だれが	する（です）	だれ・なに	どこ	いつ

5 あれらは何ですか？

たまてばこ	だれが	する（です）	だれ・なに	どこ	いつ

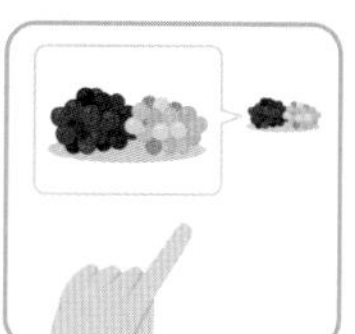

6 あれらはぶどうです。

だれが	する（です）	だれ・なに	どこ	いつ

答え合わせ＋声出し練習

- まちがったところがあったら、ボックスの下に正しい答えを書きましょう。
- 正しい英語の文の音声を聞いて、まねして声に出して言いましょう。

単語を覚えよう ③

単語力アップ＋総復習 11-15 の予習

① 月曜日	② 火曜日
Monday	Tuesday
マンディ	テューズディ

③ 水曜日	④ 木曜日
Wednesday	Thursday
ウェンズディ	スァースディ

⑤ 金曜日	⑥ 土曜日
Friday	Saturday
フライディ	サァラディ

⑦ 日曜日
Sunday
サンディ

⑧ 楽しい	⑨ 完ぺきな
fun	perfect
ファン	パーフェクッ

＊②，④～⑦は復習ドリルでは使われていませんが、重要なので絵で確認(かくにん)しましょう。

● 同じ番号の絵と日本語に合う英語を書きましょう。
▶まず、なぞって書いて、もう一度書きましょう。

音声をくり返し聞いて
まねして言いましょう
13

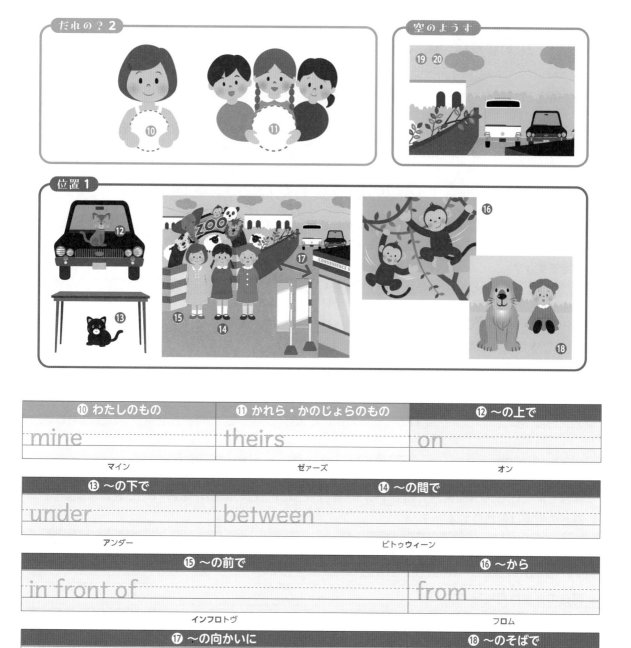

だれの？2

空のようす

位置 1

⑩ わたしのもの	⑪ かれら・かのじょらのもの	⑫ ～の上で
mine	theirs	on
マイン	ゼァーズ	オン

⑬ ～の下で	⑭ ～の間で
under	between
アンダー	ビトゥウィーン

⑮ ～の前で	⑯ ～から
in front of	from
インフロトヴ	フロム

⑰ ～の向かいに	⑱ ～のそばで
across from	by
アクロスフロム	バイ

⑲ 天気	⑳ くもりの
weather	cloudy
ウェザ	クラウディ

＊⑬～⑮，⑰は復習ドリルでは使われていませんが、よく使うことばなので、絵を見て確認してしっかり覚えましょう。

Lesson 11

学習のテーマ　時間や曜日をたずねよう

■ 意味順ボックスでスッキリ整理！

たまてばこ	だれが	する（です）	だれ・なに	どこ	いつ
What time is/What day is 【疑問詞＋名詞＋be動詞】	it? 【名詞・代名詞】				

この文を作ってみよう

何時ですか？

14

Point 1 時間の聞き方　「何時」はWhat timeで表す

時間を聞くときの「何時」は、What（何）とtime（時、時間）を合わせて表します。疑問を表すことばなので、be動詞（どうし）といっしょに たまてばこ に入れます。

Point 2 itの用法　主語の意味をもたない"it"を使う

英語では、基本的（きほんてき）に文の中に主語を置きます。しかし、時間を表す文では、主語になる何かがあるわけではないので、文の形にするための主語として"it"を使います。「それ」とは訳さないので注意しましょう。

● 何時ですか？

たまてばこ	だれが	する（です）	だれ・なに	どこ	いつ
何時ですか？	（それは）				
What time is	it?				

「何時ですか？」と聞かれているので、答えは いつ に入れます。

● 午前8時です。

たまてばこ	だれが	する（です）	だれ・なに	どこ	いつ
	（それは）	です			午前８時
	It	is			8 a.m.

Point 3 曜日の聞き方　「何曜日」はWhat dayで表す

曜日を聞くときの「何曜日」は、What（何）とday（日、曜日）を合わせて表します。

● 算数の授業は何曜日ですか？

たまてばこ	だれが	する（です）	だれ・なに	どこ	いつ
何曜日ですか？	算数の授業は				
What day is	math class?				

● 算数の授業は月曜日です。

たまてばこ	だれが	する（です）	だれ・なに	どこ	いつ
	算数の授業は	です			月曜日
	Math class	is			on Mondays.

on を使うよ

● 時間の言い方

時間を表す言い方はいくつかありますが、主なものを確認しましょう。

午前８時 / 8 a.m.	午後８時半 / 8:30 p.m.	午後８時45分 / 8:45 p.m.	1時 / 1 o'clock
3時 / 3 o'clock	6時 / 6 o'clock	9時 / 9 o'clock	12時 / 12 o'clock

● 曜日を表すことば

月曜日	火曜日	水曜日	木曜日	金曜日	土曜日	日曜日
Monday	Tuesday	Wednesday	Thursday	Friday	Saturday	Sunday

＊時間や曜日については、54ページのポイント3も確認（かくにん）してみましょう。

日本語の文に合うように、ボックスに
単語を入れて英語の文を作りましょう。

① 英語のテストはいつですか？

たまてばこ	だれが	する（です）	だれ・なに	どこ	いつ

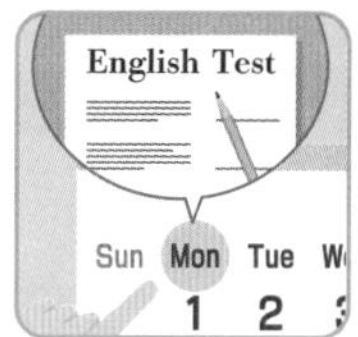

② 英語のテストは今週の月曜日です。

だれが	する（です）	だれ・なに	どこ	いつ

③ 体育の授業は何曜日ですか？

たまてばこ	だれが	する（です）	だれ・なに	どこ	いつ

ヒント 「体育」は、「Physical（体の）Education（教育）」を短くしたP.E.をよく使うよ。

④ 毎週水曜日です。

だれが	する（です）	だれ・なに	どこ	いつ

⑤ 夕食は何時ですか？

たまてばこ	だれが	する（です）	だれ・なに	どこ	いつ

⑥ 夕食は午後６時からです。

たまてばこ	だれが	する（です）	だれ・なに	どこ	いつ

～からは from を使うよ

✓ 答え合わせ＋声出し練習

- まちがったところがあったら、ボックスの下に正しい答えを書きましょう。
- 正しい英語の文の音声を聞いて、まねして声に出して言いましょう。

Lesson 12

学習のテーマ　どこか、たずねよう

■ 意味順ボックスでスッキリ整理！

たまてばこ	だれが	する（です）	だれ・なに	どこ	いつ
Where is 【疑問詞＋be動詞】	Shohei? 【名詞・代名詞】				

この文を作ってみよう

ショウヘイはどこですか？

15

Point 1　場所の聞き方　「どこ」はWhereで表す

「どこですか？」と聞くときは、Where（どこ）とbe動詞をいっしょに たまてばこ に入れます。

● ショウヘイはどこですか？

たまてばこ	だれが	する（です）	だれ・なに	どこ	いつ
どこですか？	ショウヘイは				
Where is	Shohei?				

Point 2　be動詞の使い分け　「います」「あります」はbe動詞で表す

「います」や「あります」はbe動詞で表します。「○○は～にいます。」という文のとき、「主語＋be動詞＋場所を表すことば」という形になります。主語が単数のときはbe動詞はisを、複数のときはareを使いましょう。

● ショウヘイは学校にいます。

たまてばこ	だれが	する（です）	だれ・なに	どこ	いつ
	ショウヘイは	います		学校に	
	Shohei	is		at school.	

Point 3　前置詞　場所や位置を表すことば

「～の近く」など、場所を表すことばを覚えましょう。次の表のような前置詞を使います。

～の上で	～の下で
on	under
～のそばで	～の間で
by	between
～の前で	～から
in front of	from
～の向かいに	
across from	

～で（～の中で）	～で
in	at
～の近くで	～へ
near	to
～のとなりで	
next to	

▶左の表のことばは35ページ「単語を覚えよう③」の絵で、右の表のことばは49ページ「単語を覚えよう③」の絵で、それぞれ確認しましょう。

日本語の文に合うように、ボックスに
単語を入れて英語の文を作りましょう。

1 ポチはどこですか？

たまてばこ	だれが	する（です）	だれ・なに	どこ	いつ

2 ポチはソファーのそばにいます。

だれが	する（です）	だれ・なに	どこ	いつ

3 ヒロシとヒサエはどこですか？

たまてばこ	だれが	する（です）	だれ・なに	どこ	いつ

4 かれらはリビングルームにいます。

だれが	する（です）	だれ・なに	どこ	いつ

in を使うよ

5 わたしのスマートフォンはどこですか？

たまてばこ	だれが	する（です）	だれ・なに	どこ	いつ

6 それはテーブルの上にあります。

だれが	する（です）	だれ・なに	どこ	いつ

✓ 答え合わせ＋声出し練習

- まちがったところがあったら、ボックスの下に正しい答えを書きましょう。
- 正しい英語の文の音声を聞いて、まねして声に出して言いましょう。

Lesson 13

学習のテーマ　だれか、たずねよう

■ 意味順ボックスでスッキリ整理！

たまてばこ	だれが	する（です）	だれ・なに	どこ	いつ
Who is/are 【疑問詞＋be動詞】	you/she? 【名詞・代名詞】				

この文を作ってみよう

あなたはだれですか？

16

Point 1　人のたずね方　「だれ」はWhoで表す

「だれ」はWhoで表します。「だれですか？」と相手に聞くときは、Whoとbe動詞(どうし)をいっしょに たまてばこ に入れます。

● あなたはだれですか？

たまてばこ	だれが	する（です）	だれ・なに	どこ	いつ
だれですか？	あなたは				
Who are	you?				

Point 2　質問の答え方　Whoで聞かれたときの答え方

「だれですか？」と聞かれているので、答えは だれ・なに に入れます。

● わたしはマイクです。

たまてばこ	だれが	する（です）	だれ・なに	どこ	いつ
	わたしは	です	マイク		
	I	am	Mike.		

Point 2　人の表し方　He、he、himを区別して使う

「かれはだれですか？」という文の場合、「かれ」は文頭ではないのでheになります。また、文の主語なので、himとしないように注意しましょう。「かのじょはだれですか？」という文の場合も同じで、sheになります。herとならないように注意しましょう。

● かのじょはだれですか？

たまてばこ	だれが	する（です）	だれ・なに	どこ	いつ
だれですか？	かのじょは				
Who is	she?				

Point 4　複数の表し方　人が複数のときは動詞と名詞(めいし)の単数・複数に注意する

人が複数のときも文の形は同じです。ただし、動詞と名詞は、単数・複数の区別に注意しましょう。

● あれらの男の子はだれですか？

たまてばこ	だれが	する（です）	だれ・なに	どこ	いつ
だれですか？	あれらの男の子は				
Who are	those boys?				

日本語の文に合うように、ボックスに単語を入れて英語の文を作りましょう。

❶ かれはだれですか？

たまてばこ	だれが	する（です）	だれ・なに	どこ	いつ

❷ かれはヒロシのお兄さんです。

だれが	する（です）	だれ・なに	どこ	いつ

❸ かのじょはだれですか？

たまてばこ	だれが	する（です）	だれ・なに	どこ	いつ

❹ かのじょはわたしたちの国語の先生です。

だれが	する（です）	だれ・なに	どこ	いつ

❺ この女の子はだれですか？

たまてばこ	だれが	する（です）	だれ・なに	どこ	いつ

❻ かのじょはケイコです。

だれが	する（です）	だれ・なに	どこ	いつ

答え合わせ＋声出し練習

- まちがったところがあったら、ボックスの下に正しい答えを書きましょう。
- 正しい英語の文の音声を聞いて、まねして声に出して言いましょう。

Lesson 14

学習のテーマ　どちらか、たずねよう

■ 意味順ボックスでスッキリ整理！

たまてばこ	だれが	する(です)	だれ・なに	どこ	いつ
Which is/are 【疑問詞＋be動詞】	my towel/yours? 【名詞・所有代名詞】				

この文を作ってみよう　わたしのタオルはどっちですか？　17

Point 1　どれかをたずねる　「どれ」「どっち」はWhichで表す

「どれ」「どっち」はWhichで表します。「どれですか？」「どっちですか？」と相手に聞くときは、Whichとbe動詞(どうし)をいっしょに たまてばこ に入れます。

● わたしのタオルはどっちですか？

たまてばこ	だれが	する（です）	だれ・なに	どこ	いつ
どっちですか？	わたしのタオルは				
Which is	my towel?				

Point 2　質問の答え方　Whichで聞かれたときの答え方

「どっちですか？」と聞いているので、答えは だれ・なに に入れます。

● こっちがあなたのタオルです。

たまてばこ	だれが	する（です）	だれ・なに	どこ	いつ
	こっちが	です	あなたのタオル		
	This	is	your towel.		

Point 3　所有代名詞(しょゆうだいめいし)　「～のもの」は1語で表すことができる

「わたしのもの」や「あなたのもの」などは、次の表のとおり、1単語（所有代名詞）で表すことができます。

わたしのもの	あなたのもの	かれのもの	かのじょのもの	わたしたちのもの	かれら・かのじょらのもの
mine	yours	his	hers	ours	theirs

複数の場合も、文の形は同じです。動詞と名詞の単数・複数の区別に注意しましょう。

● わたしのくつはどれですか？

たまてばこ	だれが	する（です）	だれ・なに	どこ	いつ
どれですか？	わたしのくつは				
Which are	my shoes?				

● これらがあなたのものです。

たまてばこ	だれが	する（です）	だれ・なに	どこ	いつ
	これらが	です	あなたのもの		
	These	are	yours.		

yours は your shoes（あなたのくつ）と言うこともできるよ

日本語の文に合うように、ボックスに
単語を入れて英語の文を作りましょう。

1 どっちがトオルですか？

たまてばこ	だれが	する（です）	だれ・なに	どこ	いつ

2 こっちがトオルです。

だれが	する（です）	だれ・なに	どこ	いつ

3 どっちがかれらの家ですか？

たまてばこ	だれが	する（です）	だれ・なに	どこ	いつ

4 こっちがかれらの家です。

だれが	する（です）	だれ・なに	どこ	いつ

5 どっちがあなたのプレゼントですか？

たまてばこ	だれが	する（です）	だれ・なに	どこ	いつ

6 こっちがわたしのものです。

だれが	する（です）	だれ・なに	どこ	いつ

答え合わせ＋声出し練習

- まちがったところがあったら、ボックスの下に正しい答えを書きましょう。
- 正しい英語の文の音声を聞いて、まねして声に出して言いましょう。

Lesson 15

学習のテーマ　状態をたずねよう

意味順ボックスでスッキリ整理！

たまてばこ	だれが	する(です)	だれ・なに	どこ	いつ
How is 【疑問詞＋be動詞】	the weather 【名詞】				today? 【副詞】

この文を作ってみよう　今日、天気はどうですか？

18

Point 1　状態のたずね方　「どう」はHowで表す

あるものの状態を意味する「どう」「どのような」などはHowで表します。「どうですか？」と聞くときはHowとbe動詞をいっしょに たまてばこ に入れます。

● 今日、天気はどうですか？

たまてばこ	だれが	する（です）	だれ・なに	どこ	いつ
どうですか？	天気は				今日
How is	the weather				today?

Point 2　itの用法　天気を表すときはitをよく使う

天気を表すときも、時間を表すときも、主語としての具体的な意味がないitをよく使います。Itで始まる使い方を学びましょう。

● 今日は雨です。

たまてばこ	だれが	する（です）	だれ・なに	どこ	いつ
	(その天気は)	です	雨		今日は
	It	is	rainy		today.

Point 3　感想を聞く　感想を聞くときも“How was ～?”で表す

How was ～?という形で、あるものについての感想を聞くことができます。

● 映画はどうでしたか？

たまてばこ	だれが	する（です）	だれ・なに	どこ	いつ
どうでしたか？	映画は				
How was	the movie?				

● ショッピングモールの中にあるあのレストランはどうでしたか？

たまてばこ	だれが	する(です)	だれ・なに	どこ	いつ
どうでしたか？	あのレストランは			ショッピングモールの中にある	
How was	the restaurant			in the shopping mall?	

● 算数の授業はどうでしたか？

たまてばこ	だれが	する（です）	だれ・なに	どこ	いつ
どうでしたか？	算数の授業は				
How was	math class?				

＊過去のことを表す文については、62ページも確認してみましょう。

日本語の文に合うように、ボックスに
単語を入れて英語の文を作りましょう。

1 天気はどうですか？

たまてばこ	だれが	する（です）	だれ・なに	どこ	いつ

2 （その天気は）くもりです。

たまてばこ	だれが	する（です）	だれ・なに	どこ	いつ

3 英語のテストはどうでしたか？

たまてばこ	だれが	する（です）	だれ・なに	どこ	いつ

4 （その英語のテストは）完ぺきでした。

たまてばこ	だれが	する（です）	だれ・なに	どこ	いつ

5 学校はどうでしたか？

たまてばこ	だれが	する（です）	だれ・なに	どこ	いつ

6 （学校は）楽しかったです。

たまてばこ	だれが	する（です）	だれ・なに	どこ	いつ

答え合わせ＋声出し練習

- まちがったところがあったら、ボックスの下に正しい答えを書きましょう。
- 正しい英語の文の音声を聞いて、まねして声に出して言いましょう。

フレーズのまとめ ①

毎日のように使う表現(ひょうげん)は、場面を思い浮かべながら声に出して、1つずつ覚えていきましょう。 19

● あいさつをする

Hello.	Hello.

こんにちは。

Hi.	Hi.

やあ。

Good morning.	Good morning.

おはようございます。

Good afternoon.	Good afternoon.

こんにちは。

Good evening.	Good evening.

こんばんは。

Goodbye.	Goodbye.

さようなら。

See you.	See you.

またね。

Good night.	Good night.

おやすみなさい。

● 初めて会う人にあいさつをする

Nice to meet you.	Nice to meet you.

はじめまして。

Nice to meet you, too.	Nice to meet you, too.

こちらこそ、はじめまして。

相手が元気かたずねる

How are you?	How are you?

元気ですか？

I'm fine. And you?	I'm fine. And you?

元気です。あなたは？

I feel so good.	I feel so good.

とても気分がいいですよ。

お礼を言う

Thank you.	Thank you.

ありがとう。

You're welcome.	You're welcome.

どういたしまして。

会話にチャレンジ 次の日本語の文を英語の文で書いてみよう。

❶ アイコ：こんばんは。元気ですか？

Aiko:

マイク：こんばんは。元気ですよ。

Mike:

❷ アイコ：ありがとう。

Aiko:

友だち：どういたしまして。

Her friend:

単語を覚えよう ④

単語力アップ＋総復習 16-20 の予習

動作 2

食べ物・飲み物・ものの名前 2

❶ 起きる	❷ (お風呂などに) 入る	❸ する
wake up	take	do
ウェィカッ	テイク	ドゥ

❹ ～を待つ	❺ 電話をする	❻ 洗う	❼ 好き
wait for	call	wash	like
ウェィフォ	コォー	ウォッシュ	ライク

❽ 野菜	❾ たまねぎ	❿ くだもの
vegetable	onion	fruit
ヴェジタブゥ	オニオン	フルートゥ

⓫ グレープジュース	⓬ もも	⓭ サラダ
grape juice	peach	salad
グレイプジュース	ピーチ	サラッダ

⓮ 辞書	⓯ 財布	⓰ ぼうし
dictionary	wallet	hat
ディクショナリィ	ワレッ	ハット

⓱ 腕時計	⓲ ハンカチ
watch	handkerchief
ワッチ	ハンカチーフ

● 同じ番号の絵と日本語に合う英語を書きましょう。
▶まず、なぞって書いて、もう一度書きましょう。

音声をくり返し聞いて まねして言いましょう 20

場所 1 位置 2

月・曜日・季節・時間

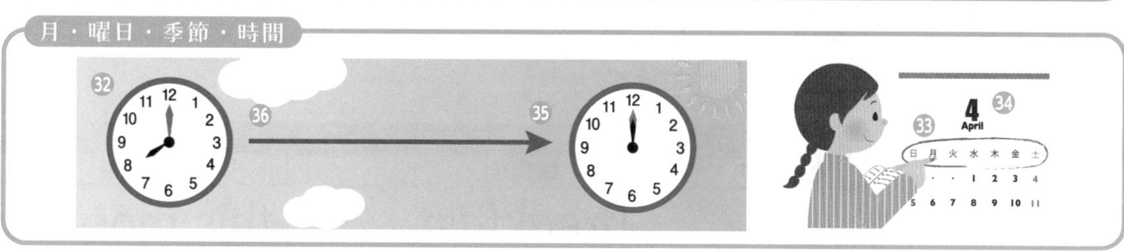

⑲ スノーボード	⑳ バス停
snowboarding	bus stop
スノーボーディン	バスストッ

㉑ ショッピングモール	㉒ 駅
shopping mall	train station
ショッピンモー	トゥレインステーション

㉓ 本屋	㉔ 空港
bookstore	airport
ブックストー	エアポー

㉕ 銀行	㉖ 遊園地
bank	amusement park
バンク	アミューズメンパーク

㉗ ～の中で、～で	㉘ ～で	㉙ ～の近くで	㉚ ～のとなりで	㉛ ～へ
in	at	near	next to	to
イン	アット	ニア	ネクストゥ	トゥ

㉜ ～時に	㉝ ～の曜日に	㉞ ～の月に	㉟ ～までずっと	㊱ ～から
at	on	in	until	from
アット	オン	イン	アンティル	フロン

Lesson 16

学習のテーマ　何をするか、伝えよう②

意味順ボックスでスッキリ整理！

だれが	する(です)	だれ・なに	どこ	いつ
I 【人称代名詞】	eat 【動詞】	breakfast 【名詞】		this morning. 【前置詞＋名詞・副詞】

わたしは朝食を食べます。

Point 1 他動詞　だれ・なに に単語が必要な動詞

I eat breakfast.（わたしは朝食を食べます）という文のように、動詞（eat）のあとに だれ・なに に単語（breakfast 朝食）を入れる必要がある動詞を他動詞といいます。

Point 2 目的語　他動詞は名詞といっしょに使う

他動詞といっしょに使う名詞のことを目的語といいます。目的語は他動詞のすぐ後ろに置かれ、文の中で「～を」という意味を表すことが多いです。eat bread（パンを食べる）やdrink milk（牛乳を飲む）などです。

● わたしはけさ、朝食を食べます。

だれが	する（です）	だれ・なに	どこ	いつ
わたしは	食べます	朝食を		けさ
I	eat	breakfast		this morning.

ここに単語が入るので eat は他動詞

● あなたは午後にまどを閉めます。

だれが	する（です）	だれ・なに	どこ	いつ
あなたは	閉めます	まどを		午後に
You	close	the window		in the afternoon.

ここに単語が入るので close は他動詞

Point 3 自動詞　だれ・なに に単語を入れなくていい動詞

I sleep.（わたしはねます）という文は、だれ・なに に目的語を入れなくても、文が作れます。このように、主語と動詞だけで文ができるときの動詞を自動詞といいます。したがって、sleep は自動詞です。

● わたしはねます。

だれが	する（です）	だれ・なに	どこ	いつ
わたしは	ねます			
I	sleep.			

ここに単語が入らないので sleep は自動詞

● わたしは今日、プールで泳ぎます。

だれが	する（です）	だれ・なに	どこ	いつ
わたしは	泳ぎます		プールで	今日
I	swim		in the pool	today.

ここに単語が入らないので swim は自動詞

日本語の文に合うように、ボックスに単語を入れて英語の文を作りましょう。

1 わたしは朝6時に起きます。

だれが	する（です）	だれ・なに	どこ	いつ

at を使うよ

2 わたしは毎日お風呂（ふろ）に入ります。

だれが	する（です）	だれ・なに	どこ	いつ

3 あなたの妹は宿題をしますか？

たまてばこ	だれが	する（です）	だれ・なに	どこ	いつ

4 いいえ、かのじょはビデオゲームで遊びます。

たまてばこ	だれが	する（です）	だれ・なに	どこ	いつ

5 わたしのお母さんはかのじょの友だちに電話をします。

だれが	する（です）	だれ・なに	どこ	いつ

6 わたしのお父さんは家の前で車を洗（あら）います。

だれが	する（です）	だれ・なに	どこ	いつ

「〜の前で」は in front of を使うよ

答え合わせ＋声出し練習

- まちがったところがあったら、ボックスの下に正しい答えを書きましょう。
- 正しい英語の文の音声を聞いて、まねして声に出して言いましょう。

Lesson 17

■ 意味順ボックスでスッキリ整理！

だれが	する(です)	だれ・なに	どこ	いつ
We 【人称代名詞】	study 【動詞】	English 【名詞】	at school. 【前置詞＋名詞】	

学習のテーマ　どこでするか、伝えよう

この文を作ってみよう　**わたしたちは学校で英語を勉強します。** 22

Point 1 前置詞（ぜんちし）　場所や位置を表すことば

Lesson12のPoint3でも学習しましたが、場所や位置を表すときは前置詞という語句を使います。１単語のものと複数の語のものがあり、「～に」「～で」などの意味を表します。名詞（めいし）といっしょに どこ に入れます。

● わたしたちは学校で英語を勉強します。

だれが	する（です）	だれ・なに	どこ	いつ
わたしたちは	勉強します	英語を	学校で	
We	study	English	at school.	

～の中に／で、～に／で、	～に／で	～の上に／で	～の下に／で
in	at	on	under
～のそばに／で	**～の上に／で**	**～の近くに／で**	**～のとなりに／で**
by	above	near	next to
～の前に／で	**～の間に／で**	**～から**	**～に／へ**
in front of	between	from	to

Point 2 場所の表し方　inとatの違い

inはある程度の広がりを持った空間を表すため、「～の中で」という意味になりますが、表し方によっては「～で」とも言えます。atはある地点を表すときに使います。

● わたしのお母さんはキッチンで夕食を作ります。

だれが	する（です）	だれ・なに	どこ	いつ
わたしのお母さんは	作ります	夕食を	キッチンで	
My mother	cooks	dinner	in the kitchen.	

in を使うよ

● わたしのお父さんはつくえで本を読みます。

だれが	する（です）	だれ・なに	どこ	いつ
わたしのお父さんは	読みます	本を	つくえで	
My father	reads	a book	at the desk.	

at を使うよ

日本語の文に合うように、ボックスに単語を入れて英語の文を作りましょう。

1 郵便局(ゆうびん)は銀行のとなりです。

だれが	する(です)	だれ・なに	どこ	いつ

2 わたしは空港へ行きます。

だれが	する(です)	だれ・なに	どこ	いつ

3 わたしはバス停でバスを待ちます。

だれが	する(です)	だれ・なに	どこ	いつ

4 かれらはショッピングモールでおもちゃを買います。

だれが	する(です)	だれ・なに	どこ	いつ

5 ヒサエは駅の近くにいますか？

たまてばこ	だれが	する(です)	だれ・なに	どこ	いつ

6 いいえ、かのじょは本屋にいます。

たまてばこ	だれが	する(です)	だれ・なに	どこ	いつ

答え合わせ＋声出し練習

- まちがったところがあったら、ボックスの下に正しい答えを書きましょう。
- 正しい英語の文の音声を聞いて、まねして声に出して言いましょう。

Lesson 18

学習のテーマ　いつするか、伝えよう

意味順ボックスでスッキリ整理！

だれが	する（です）	だれ・なに	どこ	いつ
Hiroshi 【名詞／人称代名詞】	takes 【動詞】	the English test 【名詞】	during the 3rd period. 【前置詞＋名詞】	

ヒロシは3時間目に英語のテストを受けます。 23

Point 1 前置詞（ぜんちし）　「いつ」を表す前置詞

時間、日付、季節など、時を表す前置詞もたくさんあります。単語といっしょに いつ に入れることで、さまざまな表現（ひょうげん）ができます。

● ヒロシは3時間目に英語のテストを受けます。

だれが	する（です）	だれ・なに	どこ	いつ
ヒロシは	受けます	英語のテストを		3時間目に
Hiroshi	takes	the English test		during the 3rd period.

＊「～時間目」は、theを入れないことも多いんだ。

Point 2 at＋時間　時刻を表すときはatを使う

「～時に」「～時～分に」など、ある一点の時間を表すときはatを使います。

● このバスは8時に出発します。

だれが	する（です）	だれ・なに	どこ	いつ
このバスは	出発します			8時に
This bus	leaves			at 8 o'clock.

Point 3 on＋日にち・曜日　日にちや曜日を表すときはonを使う

「～月～日に」「～曜日に」など、日にちや曜日を表すときはonを使います。

● わたしは月曜日に電車に乗ります。

だれが	する（です）	だれ・なに	どこ	いつ
わたしは	乗ります	電車に		月曜日に
I	take	a train		on Mondays.

Point 4 前置詞がいらない表現　前置詞が必要（ひつよう）ない表現はそのまま覚える

「今日（today）」「今週末（this weekend）」「毎週（every week）」「毎週末（every weekend）」などはよく使われるもので、前置詞は必要ありません。そのまま覚えましょう。

日本語の文に合うように、ボックスに単語を入れて英語の文を作りましょう。

／6

1 サッカーの練習は土曜日です。

だれが	する（です）	だれ・なに	どこ	いつ

「～曜日に」は on を使うよ

2 わたしは 6 時に起きません。

だれが	する（です）	だれ・なに	どこ	いつ

3 わたしたちは今週末に遊園地に行きます。

だれが	する（です）	だれ・なに	どこ	いつ

「今週末」には前置詞はつかないよ

4 アキラは 3 時まで公園でサッカーをしますか？

たまてばこ	だれが	する（です）	だれ・なに	どこ	いつ

「～時まで」は until を使うよ

5 いいえ、かれは 2 時から買い物に行きます。

たまてばこ	だれが	する（です）	だれ・なに	どこ	いつ

6 ヒロシとヒサエは冬にスノーボードに行きます。

だれが	する（です）	だれ・なに	どこ	いつ

季節には in を使うよ

答え合わせ＋声出し練習

- まちがったところがあったら、ボックスの下に正しい答えを書きましょう。
- 正しい英語の文の音声を聞いて、まねして声に出して言いましょう。

Lesson 19

学習のテーマ 好きなものを伝えよう

■ 意味順ボックスでスッキリ整理！

だれが	する(です)	だれ・なに	どこ	いつ
Hisae 【名詞／人称代名詞】	likes 【動詞】	tomatoes. 【名詞】		

ヒサエはトマトが好きです。

24

Point 1 like と want 「○○を～」でなく「○○が～」の形

like（～が好きです）、want（～がほしいです）は、eatやbuyなどと同じように他動詞(たどうし)です。日本語にしたときに、「○○を～」でなく「○○が～」という意味になりますが、○○は主語(しゅご)ではなく目的語です。

● ヒサエはトマトが好きです。

だれが	する（です）	だれ・なに	どこ	いつ
ヒサエは	好きです	トマトが		
Hisae	likes	tomatoes.		

● ヒロシはみかんがほしいです。

だれが	する（です）	だれ・なに	どこ	いつ
ヒロシは	ほしいです	みかんが		
Hiroshi	wants	oranges.		

Point 2 数の表し方 likeとwantで数の表し方を区別する

数えられるものについて「～が好きです」と言うときは、「～s」の形にします。一方、数えられるものについて「～がほしいです」と言うときは、「a / an ～」の形にします。

● ユウタはりんごが好きです。

だれが	する（です）	だれ・なに	どこ	いつ
ユウタは	好きです	りんごが		
Yuta	likes	apples.		

● ユウタはりんごがほしいです。

だれが	する（です）	だれ・なに	どこ	いつ
ユウタは	ほしいです	りんごが		
Yuta	wants	an apple.		

日本語の文に合うように、ボックスに単語を入れて英語の文を作りましょう。

／6

1 あなたは野菜が好きですか？

たまてばこ	だれが	する（です）	だれ・なに	どこ	いつ

2 いいえ、わたしはたまねぎが好きではありません。

たまてばこ	だれが	する（です）	だれ・なに	どこ	いつ

3 マイはくだものが好きですか？

たまてばこ	だれが	する（です）	だれ・なに	どこ	いつ

4 はい、かのじょはももが好きです。

たまてばこ	だれが	する（です）	だれ・なに	どこ	いつ

5 トムはグレープジュースがほしいです。

だれが	する（です）	だれ・なに	どこ	いつ

6 かれらはサラダがほしいです。

だれが	する（です）	だれ・なに	どこ	いつ

答え合わせ＋声出し練習

- まちがったところがあったら、ボックスの下に正しい答えを書きましょう。
- 正しい英語の文の音声を聞いて、まねして声に出して言いましょう。

Lesson 20

学習のテーマ　持っているものを伝えよう

■ 意味順ボックスでスッキリ整理！

だれが	する(です)	だれ・なに	どこ	いつ
Hiroshi 【名詞／人称代名詞】	knows 【動詞】	my younger sister. 【名詞】		

この文を作ってみよう

ヒロシはわたしの妹を知っています。

25

Point 1 基本動詞　基本動詞を覚えよう

have（持っている）やknow（知っている）のように、ある状態(じょうたい)を表し、日ごろからよく使う動詞のことを基本動詞といいます。

● ヒロシはわたしの妹を知っています。

だれが	する（です）	だれ・なに	どこ	いつ
ヒロシは	知っています	わたしの妹を		
Hiroshi	knows	my younger sister.		

Point 2 have と has　haveとhasを使い分けよう

「かれ」「かのじょ」「わたしのお母さん」など、三人称単数形(さんにんしょうたんすうけい)の文にはhasを使います。ただし、Doesといっしょに疑問文(ぎもんぶん)を作るときは、原形のhaveを使います。

わたし／わたしたち	あなた／あなたたち	かれ／かのじょ	かれら／かのじょら
have	have	has	have

● トオルはたくさんの友だちを持っています。

だれが	する（です）	だれ・なに	どこ	いつ
トオルは	持っています	たくさんの友だちを		
Toru	has	many friends.		

「たくさんの」は many を使うよ

● ヒロシとヒサエは家のカギを持っています。

だれが	する（です）	だれ・なに	どこ	いつ
ヒロシとヒサエは	持っています	家のカギを		
Hiroshi and Hisae	have	home keys.		

● フミエはタブレットを持っていますか？

たまてばこ	だれが	する（です）	だれ・なに	どこ	いつ
～か？	フミエは	持っています	タブレットを		
Does	Fumie	have	a tablet?		

● ダイキはバイクを持っていません。

だれが	する（です）	だれ・なに	どこ	いつ
ダイキは	持っていません	バイクを		
Daiki	doesn’t have	a motorcycle.		

日本語の文に合うように、ボックスに単語を入れて英語の文を作りましょう。

1 かれは辞書を持っていません。

だれが	する（です）	だれ・なに	どこ	いつ

2 あなたはわたしの財布（さいふ）を持っていますか？

たまてばこ	だれが	する（です）	だれ・なに	どこ	いつ

3 いいえ、わたしはあなたの財布を持っていません。

たまてばこ	だれが	する（です）	だれ・なに	どこ	いつ

4 わたしのお姉さんはかわいいぼうしを持っています。

だれが	する（です）	だれ・なに	どこ	いつ

5 わたしのおじいさんは腕（うで）時計を３つ持っています。

だれが	する（です）	だれ・なに	どこ	いつ

6 あなたはハンカチを持っていますか？

たまてばこ	だれが	する（です）	だれ・なに	どこ	いつ

答え合わせ＋声出し練習

- まちがったところがあったら、ボックスの下に正しい答えを書きましょう。
- 正しい英語の文の音声を聞いて、まねして声に出して言いましょう。

単語を覚えよう ⑤

単語力アップ＋総復習 21-25 の予習

ようす・気持ち 3

動作 3

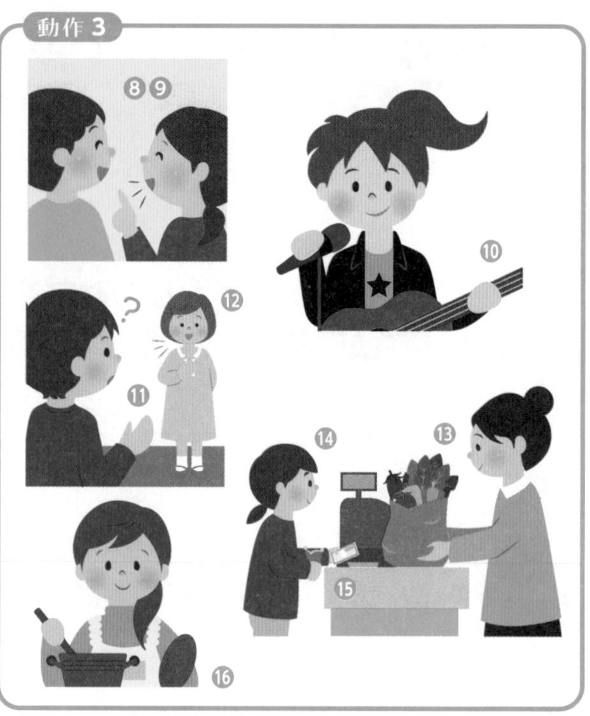

① おいしい	② おこっている	③ 病気の
delicious	angry	sick
デリシャス	アングリィ	スィック

④ かんたんな	⑤ 速い（早い）	⑥ 遅い
easy	fast	slow
イーズィ	ファスト	スロウ

⑦ 返事
response
レスポンス

⑧ ～と話す、おしゃべりする	⑨ 楽しむ	⑩ 歌う
talk with	enjoy	sing
トークウィズ	インジョイ	スィン

⑪ 質問する、たずねる	⑫ 答える	⑬ 売る
ask	answer	sell
アスク	アンサァ	セル

⑭ 買う	⑮ はらう	⑯ 作る
buy	pay	make
バイ	ペイ	メイク

● 同じ番号の絵と日本語に合う英語を書きましょう。
▶まず、なぞって書いて、もう一度書きましょう。

動作 4

⑰（乗り物に）乗る	⑱ 出発する、家を出る	⑲ 旅行する
take	leave	travel
テイク	リーヴ	トゥラヴェル
⑳ 到着する	㉑ 走る	㉒ 引っ越す、移動する
arrive	run	move
アライヴ	ゥラン	ムーヴ
㉓ 学ぶ	㉔ 教える	㉕ 知る
learn	teach	know
ラーン	ティーチ	ノウ
㉖ 会う	㉗ 持つ	㉘ そうじする
meet	have	clean
ミートゥ	ハヴ	クリーン
㉙ 送る		
send		
センドゥ		

Lesson 21

学習のテーマ　過去のことを伝えよう①

意味順ボックスでスッキリ整理！

だれが	する(です)	だれ・なに	どこ	いつ
My father【人称代名詞+名詞】	was【be動詞(過去形)】	a baseball player【名詞】		10 years ago.【副詞】

この文を作ってみよう　**わたしのお父さんは10年前、野球選手でした。** 27

Point 1 過去形の作り方　be動詞の過去形はwas, wereに変える

「わたしのお父さんは野球選手でした。」など、過去のある状態を表すときはam, is, areをwas, wereに変えて表現します。

現在形	am	is	are
▼	▼	▼	▼
過去形	was	was	were

● わたしのお父さんは野球選手です。

	だれが	する（です）	だれ・なに	どこ	いつ
現在形	わたしのお父さんは	です	野球選手		
	My father	is	a baseball player.		

● わたしのお父さんは10年前、野球選手でした。

	だれが	する（です）	だれ・なに	どこ	いつ
過去形	わたしのお父さんは	でした	野球選手		10年前に
	My father	was	a baseball player		10 years ago.

「～前に」は ago を使うよ

Point 2 否定文・疑問文の作り方　否定文・疑問文もbe動詞をwas, wereに変える

過去形の否定文と疑問文は、現在形のbe動詞am, is, areを過去形のbe動詞was, wereに変えるだけでかんたんに作れます。

● ユリコは部屋にいません。

	だれが	する（です）	だれ・なに	どこ	いつ
現在形	ユリコは	いません		部屋に	
	Yuriko	is not		in the room.	

● ユリコは昨日、部屋にいませんでした。

	だれが	する（です）	だれ・なに	どこ	いつ
過去形	ユリコは	いませんでした		部屋に	昨日
	Yuriko	was not		in the room	yesterday.

● 英語のテストはむずかしいですか？

	たまてばこ	だれが	する（です）	だれ・なに	どこ	いつ
現在形	ですか？	英語のテストは		むずかしい		
	Is	the English test		difficult?		

● 英語のテストはむずかしかったですか？

	たまてばこ	だれが	する（です）	だれ・なに	どこ	いつ
過去形	でしたか？	英語のテストは		むずかしい		
	Was	the English test		difficult?		

日本語の文に合うように、ボックスに
単語を入れて英語の文を作りましょう。

／6

1 今日の朝食はおいしかったですか？

たまてばこ	だれが	する（です）	だれ・なに	どこ	いつ

2 この宿題はかんたんでした。

だれが	する（です）	だれ・なに	どこ	いつ

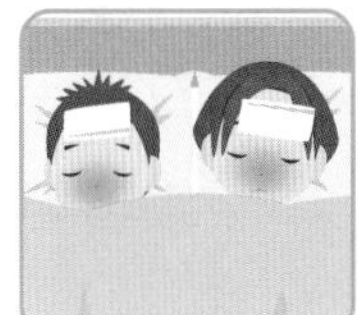

3 かれらは先週、病気でしたか？

たまてばこ	だれが	する（です）	だれ・なに	どこ	いつ

4 わたしの古いコンピューターは遅かったです。

だれが	する（です）	だれ・なに	どこ	いつ

5 かれの返事は早かったです。

だれが	する（です）	だれ・なに	どこ	いつ

6 ヒロシは昨日、学校で怒（おこ）っていませんでした。

だれが	する（です）	だれ・なに	どこ	いつ

答え合わせ＋声出し練習

- まちがったところがあったら、ボックスの下に正しい答えを書きましょう。
- 正しい英語の文の音声を聞いて、まねして声に出して言いましょう。

Lesson 22

学習のテーマ　過去のことを伝えよう②

■ 意味順ボックスでスッキリ整理！

だれが	する(です)	だれ・なに	どこ	いつ
Hiroshi 【人称代名詞／名詞】	lived 【動詞】		in Osaka. 【前置詞・名詞】	

この文を作ってみよう　**ヒロシは大阪に住んでいました。** 28

Point 1 過去形の作り方　一般動詞の過去形はdまたはedをつける

「～は～しました。」のように、前にしたことやあったことを表す文を作るときは、基本的に動詞の最後にdやedをつけます。

一般動詞は「だれが」に関係なく、動詞を過去形に変えるだけです。

現在形	live	want	talk	ask	answer
過去形	lived	wanted	talked	asked	answered

● ヒロシは横浜に住んでいます。

	だれが	する（です）	だれ・なに	どこ	いつ
現在形	ヒロシは	住んでいます		横浜に	
	Hiroshi	lives		in Yokohama.	

● ヒロシは大阪に住んでいました。

	だれが	する（です）	だれ・なに	どこ	いつ
過去形	ヒロシは	住んでいました		大阪に	
	Hiroshi	lived		in Osaka.	

Point 2 不規則動詞　動詞の形が変わるものに注意しよう！

動詞によってはdまたはedをつけるだけではなく、まったく違う形になるものもありますので、1つずつ覚えていきましょう。

現在形	send	have	buy	get	study
過去形	sent	had	bought	got	studied

yをiにかえて、ed

Point 3 否定文・疑問文の作り方　一般動詞の過去形の否定文や疑問文にはdidを使う

過去形の否定文と疑問文にはdidを使います。動詞にdやedをつけず、そのままの形で使います。

● ダイスケは昨日、授業で質問に答えませんでした。

	だれが	する（です）	だれ・なに	どこ	いつ
過去形	ダイスケは	答えませんでした	質問に	授業で	昨日
	Daisuke	didn't answer	the question	in the class	yesterday.

● ユリコは２日前に本屋で新しいマンガを買いましたか？

たまてばこ	だれが	する（です）	だれ・なに	どこ	いつ
しましたか？	ユリコは	買う	新しいマンガを	本屋で	２日前に
Did	Yuriko	buy	a new comic book	in the bookstore	2 days ago?

「～前に」は ago を使うよ

日本語の文に合うように、ボックスに
単語を入れて英語の文を作りましょう。

／6

1 かれはわたしの名前をたずねました。

だれが	する（です）	だれ・なに	どこ	いつ

2 あなたたちは昨日、映画館（えいがかん）で映画を楽しみましたか？

たまてばこ	だれが	する（です）	だれ・なに	どこ	いつ

3 あなたはリサと昼に話しましたか？

たまてばこ	だれが	する（です）	だれ・なに	どこ	いつ

「〜と話す」は talk with を使うよ

4 わたしのお父さんは新しい車を買いませんでした。

だれが	する（です）	だれ・なに	どこ	いつ

5 あなたは去年、スマートフォンを持っていましたか？

たまてばこ	だれが	する（です）	だれ・なに	どこ	いつ

6 マイクはアメリカから手紙を送りました。

だれが	する（です）	だれ・なに	どこ	いつ

答え合わせ＋声出し練習

- まちがったところがあったら、ボックスの下に正しい答えを書きましょう。
- 正しい英語の文の音声を聞いて、まねして声に出して言いましょう。

Lesson 23

学習のテーマ　いつするか、たずねよう

■ 意味順ボックスでスッキリ整理！

たまてばこ	だれが	する（です）	だれ・なに	どこ	いつ
When does【疑問詞＋do/does】	Mike【名詞／人称代名詞】	come【動詞】		to Japan?【前置詞＋名詞】	

この文を作ってみよう

マイクはいつ日本に来ますか？

29

Point 1 疑問文の作り方　3つのステップで作ってみよう

「○○はいつ～しますか?」と聞くときは、「～しますか?」の文と同じく、do/doesを使います。Whenにdo/doesを加える形です。3つのステップで文の作り方を確認しましょう。

ステップ1　肯定文を作る：「マイクは日本に来ます。」

たまてばこ	だれが	する（です）	だれ・なに	どこ	いつ
	マイクは	来ます		日本に	
	Mike	comes		to Japan.	

ステップ2　疑問文に変える：「マイクは日本に来ますか？」

たまてばこ	だれが	する（です）	だれ・なに	どこ	いつ
しますか？	マイクは	来る		日本に	
Does	Mike	come		to Japan?	

ステップ3　Whenを たまてばこ に入れる：「マイクはいつ日本に来ますか？」
「いつ？」と聞いているので、Whenが文の最初にきます。

たまてばこ	だれが	する（です）	だれ・なに	どこ	いつ
いつ～しますか？	マイクは	来る		日本に	
When does	Mike	come		to Japan?	

「いつ?」と聞いているのでここの When が文の頭にくるよ

具体的に「何時に？」と聞きたいときは、WhenをWhat timeにします。

● マイクは何時に空港に着きますか？

たまてばこ	だれが	する（です）	だれ・なに	どこ	いつ
何時に～しますか？	マイクは	着く		空港に	
What time does	Mike	arrive		at the airport?	

Point 2 質問の答え方　答えるときは いつ を使う

When ～?（いつ～しますか？）と聞かれているので、いつ に単語を入れて答えましょう。

● マイクは10月に日本に来ます。

だれが	する（です）	だれ・なに	どこ	いつ
マイクは	来ます		日本に	10月に
Mike	comes		to Japan	in October.

日本語の文に合うように、ボックスに
単語を入れて英語の文を作りましょう。

1 あなたはいつ沖縄(おきなわ)へ旅行に行きますか？

たまてばこ	だれが	する（です）	だれ・なに	どこ	いつ

2 ヒサエは何時に電車に乗りますか？

たまてばこ	だれが	する（です）	だれ・なに	どこ	いつ

3 かのじょは 10 時に大阪(おおさか)から電車に乗ります。

だれが	する（です）	だれ・なに	どこ	いつ

4 あなたは何時に京都(きょうと)駅に着きますか？

たまてばこ	だれが	する（です）	だれ・なに	どこ	いつ

5 ヨシコは何時に家を出ますか？

たまてばこ	だれが	する（です）	だれ・なに	どこ	いつ

6 ヒカルはいつ新しい家に引っ越しますか？

たまてばこ	だれが	する（です）	だれ・なに	どこ	いつ

答え合わせ＋声出し練習

- まちがったところがあったら、ボックスの下に正しい答えを書きましょう。
- 正しい英語の文の音声を聞いて、まねして声に出して言いましょう。

Lesson 24

学習のテーマ　どこでするか、たずねよう

■ 意味順ボックスでスッキリ整理！

たまてばこ	だれが	する(です)	だれ・なに	どこ	いつ
Where does 【疑問詞＋do/does】	Hiroshi 【名詞／人称代名詞】	talk with 【動詞】	Hisae? 【名詞／人称代名詞】		

この文を作ってみよう

ヒロシはどこでヒサエと話しますか？

30

Point 1 疑問文(ぎもんぶん)の作り方　3つのステップで作ってみよう

「○○はどこで～しますか？」と聞くときは、Whereにdo/doesを加えます。3つのステップで文の作り方を確認(かくにん)しましょう。

ステップ1　肯定文(こうていぶん)を作る：「ヒロシはヒサエと話します。」

たまてばこ	だれが	する（です）	だれ・なに	どこ	いつ
	ヒロシは	話します	ヒサエと		
	Hiroshi	talks with	Hisae.		

ステップ2　疑問文に変える：「ヒロシはヒサエと話しますか？」

たまてばこ	だれが	する（です）	だれ・なに	どこ	いつ
しますか？	ヒロシは	話す	ヒサエと		
Does	Hiroshi	talk with	Hisae?		

ステップ3　Whereを たまてばこ に入れる：「ヒロシはどこでヒサエと話しますか？」

たまてばこ	だれが	する（です）	だれ・なに	どこ	いつ
どこで～しますか？	ヒロシは	話す	ヒサエと		
Where does	Hiroshi	talk with	Hisae?		

「どこで?」と聞いているので、ここの Where が文の最初にきます

Point 2 質問の答え方　答えるときは どこ を使う

Where do/does ～?（どこでしますか？）と聞かれているので、場所を表す語句を どこ に入れて答えましょう。

● ヒロシはかれの家の近くでヒサエと話します。

だれが	する（です）	だれ・なに	どこ	いつ
ヒロシは	話します	ヒサエと	かれの家の近くで	
Hiroshi	talks with	Hisae	near his house.	

「近くで」は near を使うよ

日本語の文に合うように、ボックスに単語を入れて英語の文を作りましょう。

／6

1 ヨシコはどこでヒロシに会いますか？

たまてばこ	だれが	する（です）	だれ・なに	どこ	いつ

2 かれらは3時に渋谷（しぶや）で会います。

だれが	する（です）	だれ・なに	どこ	いつ

3 リサはどこで歌を歌いますか？

たまてばこ	だれが	する（です）	だれ・なに	どこ	いつ

4 ヒロユキは毎日どこで走りますか？

たまてばこ	だれが	する（です）	だれ・なに	どこ	いつ

5 マイクは水曜日にどこで英語を教えますか？

たまてばこ	だれが	する（です）	だれ・なに	どこ	いつ

6 マイクの生徒たちは学校で英語を学びます。

だれが	する（です）	だれ・なに	どこ	いつ

答え合わせ＋声出し練習

- まちがったところがあったら、ボックスの下に正しい答えを書きましょう。
- 正しい英語の文の音声を聞いて、まねして声に出して言いましょう。

Lesson 25

学習のテーマ　だれがするか、たずねよう

意味順ボックスでスッキリ整理！

たまてばこ	だれが	する(です)	だれ・なに	どこ	いつ
Who 【疑問詞】		drives 【動詞】	a car? 【名詞】		

この文を作ってみよう

だれが車を運転しますか？

31

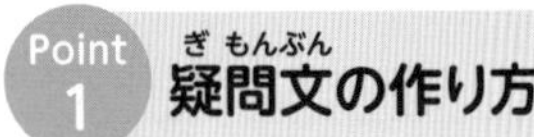

Point 1 疑問文の作り方　2つのステップで作ってみよう

「だれが～しますか？」と聞くときはWho（だれ）が主語になります。２つのステップで文の作り方を確認しましょう。

ステップ１　肯定文を作る：「わたしのお父さんは車を運転します。」

たまてばこ	だれが	する（です）	だれ・なに	どこ	いつ
	わたしのお父さんは	運転します	車を		
	My father	drives	a car.		

ステップ2　たまてばこ にWhoを入れて、だれが を空白にする：「だれが車を運転しますか？」

たまてばこ	だれが	する（です）	だれ・なに	どこ	いつ
だれが～しますか？		運転する	車を		
Who		drives	a car?		

主語に対する質問なので、DoやDoesは必要ありません。動詞は三人称単数の形（sやesをつけるなど）にしなければいけないので注意しましょう。

Point 2 質問の答え方　だれが を使う

Who ～?（だれが～しますか？）と聞かれているので、だれが に人などを表すことばを入れて答えます。

● わたしのお父さんが車を運転します。

たまてばこ	だれが	する（です）	だれ・なに	どこ	いつ
	わたしのお父さんが	運転します	車を		
	My father	drives	a car.		

日本語の文に合うように、ボックスに単語を入れて英語の文を作りましょう。

① だれがキッチンでサンドイッチを作りますか？

たまてばこ	だれが	する（です）	だれ・なに	どこ	いつ

② だれがレストランでお金をはらいますか？

たまてばこ	だれが	する（です）	だれ・なに	どこ	いつ

③ ポチはだれが好きですか？

たまてばこ	だれが	する（です）	だれ・なに	どこ	いつ

④ このグループの中でだれがナンシーを知っていますか？

たまてばこ	だれが	する（です）	だれ・なに	どこ	いつ

⑤ だれが今日、魚を売りますか？

たまてばこ	だれが	する（です）	だれ・なに	どこ	いつ

⑥ だれがお風呂(ふろ)場をそうじしますか？

たまてばこ	だれが	する（です）	だれ・なに	どこ	いつ

答え合わせ＋声出し練習

- まちがったところがあったら、ボックスの下に正しい答えを書きましょう。
- 正しい英語の文の音声を聞いて、まねして声に出して言いましょう。

単語を覚えよう ⑥

単語力アップ＋総復習 26-30 の予習

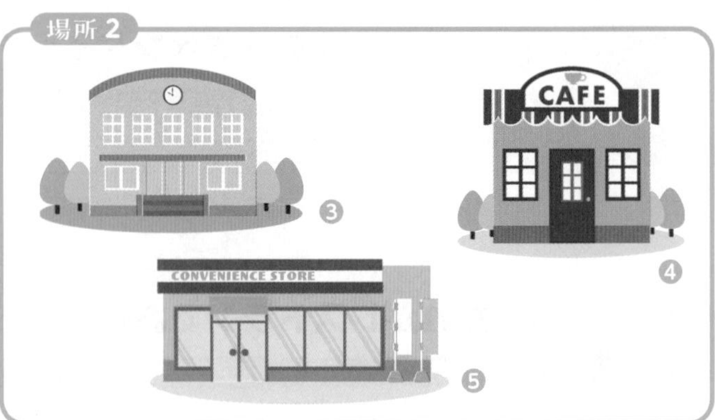

番号	日本語	英語	読み方
①	かしこい	smart	スマート
②	つかれている	tired	タイアードゥ
③	体育館	gym	ジン
④	カフェ	cafe	キャフェ
⑤	コンビニエンスストア	convenience store	コンヴィーニエンストー
⑥	置く	put	プッ
⑦	試着する	try on	トライオン
⑧	注文する	order	オーダァ
⑨	見る	see	スィー

● 同じ番号の絵と日本語に合う英語を書きましょう。
▶まず、なぞって書いて、もう一度書きましょう。

食べ物・飲み物・もののの名前３

色

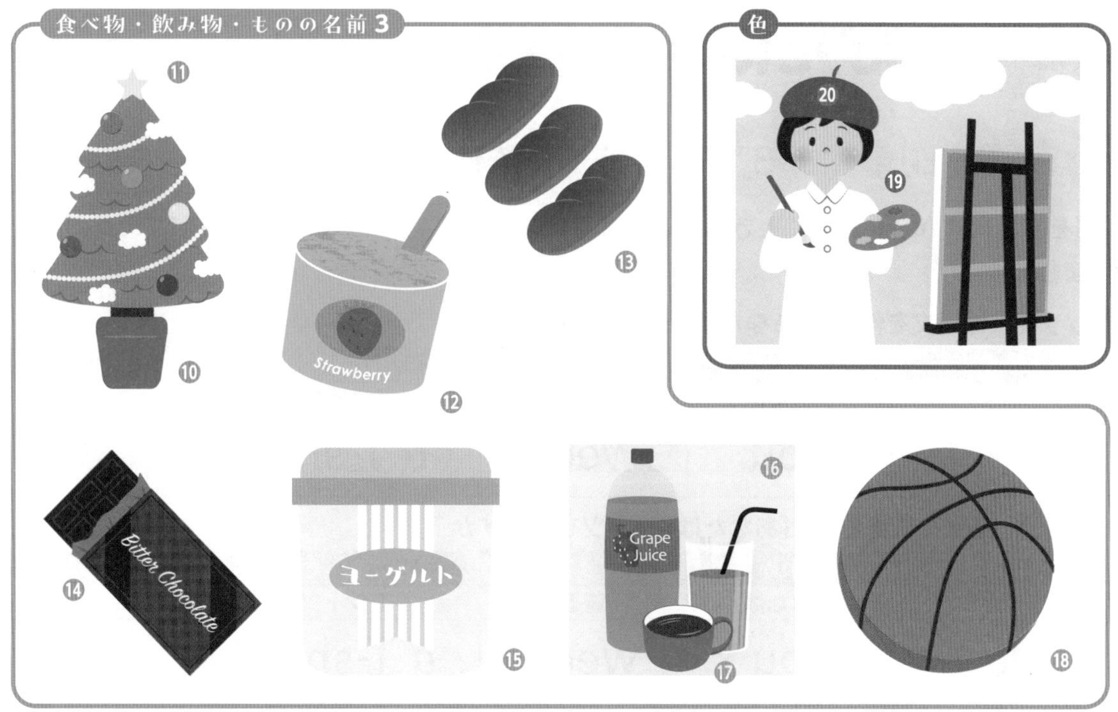

⑩ クリスマスツリー
Christmas tree
クリスマストゥリー

⑪ 星	⑫ アイスクリーム
star	ice cream
スタァ	アイスクリム

⑬ パン	⑭ チョコレート
bread	chocolate
ブレッドゥ	チョコリートゥ

⑮ ヨーグルト	⑯ 飲み物
yogurt	drink
ヨーグゥー	ドゥリンク

⑰ コーヒー	⑱ バスケットボール
coffee	basketball
カフィ	バスケットボー

⑲ 色	⑳ 赤
color	red
カラー	ゥレッド

Lesson 26

学習のテーマ　何をするか、たずねよう

■ 意味順ボックスでスッキリ整理！

たまてばこ	だれが	する(です)	だれ・なに	どこ	いつ
What do 【疑問詞＋do/does】	you 【人称代名詞】	wear? 【動詞】			

あなたは何を着ますか？

33

Point 1 疑問文の作り方　3つのステップで作ってみよう

「何を～しますか？」と聞くときはWhat（何）を使います。3つのステップで文の作り方を確認しましょう。

ステップ1　肯定文を作る：「あなたはTシャツを着ます。」

たまてばこ	だれが	する（です）	だれ・なに	どこ	いつ
	あなたは	着ます	Ｔシャツを		
	You	wear	a T-shirt.		

ステップ2　疑問文に変える：「あなたはTシャツを着ますか？」

たまてばこ	だれが	する（です）	だれ・なに	どこ	いつ
しますか？	あなたは	着る	Ｔシャツを		
Do	you	wear	a T-shirt?		

ステップ3　Whatを たまてばこ に入れる：「あなたは何を着ますか？」

たまてばこ	だれが	する（です）	だれ・なに	どこ	いつ
何を～しますか？	あなたは	着る			
What do	you	wear?			

「何を?」と聞いているので、ここのWhatが文の最初にきます。

Point 2 過去形の疑問文　疑問文の作り方は現在形と同じ

過去形　「あなたは昨日、何を着ましたか？」

たまてばこ	だれが	する（です）	だれ・なに	どこ	いつ
何を～しましたか？	あなたは	着る			昨日
What did	you	wear			yesterday?

日本語の文に合うように、ボックスに単語を入れて英語の文を作りましょう。

1 かれらは毎日、部屋で何を勉強しますか？

たまてばこ	だれが	する（です）	だれ・なに	どこ	いつ

2 あなたたちは体育館で何をしますか？

たまてばこ	だれが	する（です）	だれ・なに	どこ	いつ

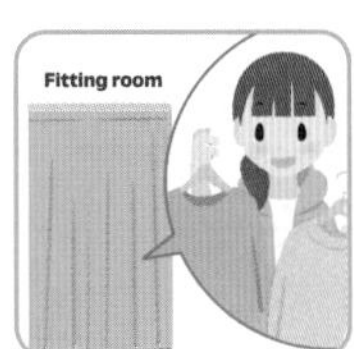

3 ユリコは何を試着（しちゃく）しますか？

たまてばこ	だれが	する（です）	だれ・なに	どこ	いつ

4 ヒカルは昨日、カフェで何を注文しましたか？

たまてばこ	だれが	する（です）	だれ・なに	どこ	いつ

5 わたしのお父さんはクリスマスツリーの下に何を置きましたか？

たまてばこ	だれが	する（です）	だれ・なに	どこ	いつ

6 ヒロシは本屋で何を買いましたか？

たまてばこ	だれが	する（です）	だれ・なに	どこ	いつ

✓ 答え合わせ＋声出し練習

- まちがったところがあったら、ボックスの下に正しい答えを書きましょう。
- 正しい英語の文の音声を聞いて、まねして声に出して言いましょう。

Lesson 27

学習のテーマ　なぜか、たずねよう

■ 意味順ボックスでスッキリ整理！

たまてばこ	だれが	する(です)	だれ・なに	どこ	いつ
Why does 【疑問詞+do/does】	she 【人称代名詞】	study 【動詞】	English? 【名詞】		

かのじょはなぜ英語を勉強しますか？

Point 1　疑問文の作り方　2つのステップで作ってみよう

「なぜ～しますか?」と聞くときはWhy（なぜ）を使います。２つのステップで文の作り方を確認しましょう。

ステップ１　疑問文を作ろう：「かのじょは英語を勉強しますか？」

たまてばこ	だれが	する（です）	だれ・なに	どこ	いつ
しますか？	かのじょは	勉強する	英語を		
Does	she	study	English?		

ステップ2　Whyを たまてばこ に入れる：「かのじょはなぜ英語を勉強しますか？」

たまてばこ	だれが	する（です）	だれ・なに	どこ	いつ
なぜ～しますか？	かのじょは	勉強する	英語を		
Why does	she	study	English?		

Point 2　質問の答え方　たまてばこ にBecauseを入れる

Whyの質問に答えるときは、理由を表すBecause（なぜなら～だから）を たまてばこ に入れて、その後に答えの文を作ります。

● **ヒロシはなぜ、おなかがすいていますか？**

たまてばこ	だれが	する（です）	だれ・なに	どこ	いつ
なぜ～ですか？	ヒロシは		おなかがすいている		
Why is	Hiroshi		hungry?		

● **なぜなら、かれは朝ごはんを食べなかったからです。**

たまてばこ	だれが	する（です）	だれ・なに	どこ	いつ
なぜなら～だからです	かれは	食べなかった	朝ごはんを		
Because	he	didn’t eat	breakfast.		

日本語の文に合うように、ボックスに単語を入れて英語の文を作りましょう。

1 ヒサエはなぜ京都(きょうと)に行きますか？

たまてばこ	だれが	する（です）	だれ・なに	どこ	いつ

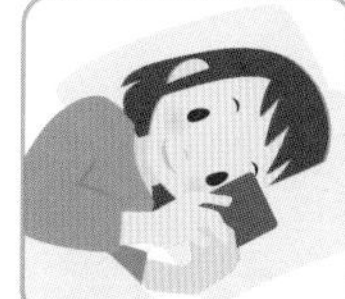

2 あなたはなぜ、しんしつでスマートフォンを使いますか？

たまてばこ	だれが	する（です）	だれ・なに	どこ	いつ

3 かれらはなぜ朝５時に起きましたか？

たまてばこ	だれが	する（です）	だれ・なに	どこ	いつ

4 ミカはなぜ今日、つかれていますか？

たまてばこ	だれが	する（です）	だれ・なに	どこ	いつ

5 あなたはなぜ犬が好きですか？

たまてばこ	だれが	する（です）	だれ・なに	どこ	いつ

6 なぜなら、犬はかしこいからです。

たまてばこ	だれが	する（です）	だれ・なに	どこ	いつ

答え合わせ＋声出し練習

- まちがったところがあったら、ボックスの下に正しい答えを書きましょう。
- 正しい英語の文の音声を聞いて、まねして声に出して言いましょう。

Lesson 28

学習のテーマ　数をたずねよう

■ 意味順ボックスでスッキリ整理！

たまてばこ	だれが	する(です)	だれ・なに	どこ	いつ
How many books does 【疑問詞+形容詞+名詞+do/does】	she 【人称代名詞】	have? 【動詞】			

この文を作ってみよう　かのじょは何冊(さつ)の本を持っていますか？　35

Point 1 数をたずねる疑問文(ぎもんぶん)　数をたずねる疑問文

How many animals で「何びきの動物」、How many students で「何人の生徒」など、How manyの後ろに名詞(めいし)を置くことでいろいろな質問ができます。

Point 2 数と動詞の関係　「どういう数か」を動詞で表す

「何の、どういう数」について質問しているのか、How many＋名詞＋do/does＋動詞で表します。

● かのじょは何冊の本を持っていますか？

たまてばこ	だれが	する（です）	だれ・なに	どこ	いつ
何冊の本を～しますか？	かのじょは	持つ			
How many books does	she	have?			

● あなたは何羽の鳥を見ましたか？

たまてばこ	だれが	する（です）	だれ・なに	どこ	いつ
何羽の鳥を～しましたか？	あなたは	見る			
How many birds did	you	see?			

Point 3 How many の例文　How manyで質問してみよう

How manyを使った文でよく使われるものを覚えましょう。次の文は、初めて会った人と話すときなどによく使います。

● あなたは何人の兄弟がいますか？

たまてばこ	だれが	する（です）	だれ・なに	どこ	いつ
何人の兄弟が～か？	あなたは	（持って）いる			
How many brothers do	you	have?			

復習ドリル

日本語の文に合うように、ボックスに単語を入れて英語の文を作りましょう。

1 あなたは何個のクッキーを食べましたか？

たまてばこ	だれが	する（です）	だれ・なに	どこ	いつ

2 かのじょはシャツを何枚持っていますか？

たまてばこ	だれが	する（です）	だれ・なに	どこ	いつ

3 トオルはみかんを何個買いますか？

たまてばこ	だれが	する（です）	だれ・なに	どこ	いつ

4 かれらは何年オーストラリアに住んでいましたか？

たまてばこ	だれが	する（です）	だれ・なに	どこ	いつ

「何年」は How many years を使うよ

5 あなたのお父さんは何台の車を持っていますか？

たまてばこ	だれが	する（です）	だれ・なに	どこ	いつ

6 トモコは昨日の夜、何個の星を見ましたか？

たまてばこ	だれが	する（です）	だれ・なに	どこ	いつ

答え合わせ＋声出し練習

- まちがったところがあったら、ボックスの下に正しい答えを書きましょう。
- 正しい英語の文の音声を聞いて、まねして声に出して言いましょう。

Lesson 29

学習のテーマ　値段（ねだん）をたずねよう

■ 意味順ボックスでスッキリ整理！

たまてばこ	だれが	する（です）	だれ・なに	どこ	いつ
How much is 【疑問詞＋副詞＋be動詞】	this hamburger? 【指示代名詞＋名詞】				

この文を作ってみよう

このハンバーガーはいくらですか？

36

Point 1 値段の聞き方　「（値段は）いくら」はHow muchで表す

How muchを使えば、ものの値段を聞くことができます。
ものの値段を聞く「いくらですか？」は、How muchとbe 動詞を使って表します。

● このハンバーガーはいくらですか？

たまてばこ	だれが	する（です）	だれ・なに	どこ	いつ
いくらですか？	このハンバーガーは				
How much is	this hamburger?				

● その牛乳はいくらでしたか？

たまてばこ	だれが	する（です）	だれ・なに	どこ	いつ
いくらでしたか？	その牛乳は				
How much was	the milk?				

Point 2 はらった値段の聞き方　2ステップで疑問文（ぎもんぶん）を作ってみよう

「実際にお金をいくらはらったか」聞くときは、How muchを たまてばこ に入れます。pay（はらう）という動作について質問するので、do/doesまたは過去形のdidを使って聞きます。

ステップ1　疑問文を作ります：「あなたはレストランではらいましたか？」

たまてばこ	だれが	する（です）	だれ・なに	どこ	いつ
～しましたか？	あなたは	はらう		レストランで	
Did	you	pay		at the restaurant?	

ステップ2　How muchを たまてばこ に入れます：「あなたはレストランでいくらはらいましたか？」

たまてばこ	だれが	する（です）	だれ・なに	どこ	いつ
いくら～しましたか？	あなたは	はらう		レストランで	
How much did	you	pay		at the restaurant?	

Point 3 はらった値段の答え方　「いくらはらったか」はpaidを使って答えよう

「わたしは300円をはらいました。」は、paid（はらいました）を使って表します。paidやyenにsはつかないことに注意しましょう。

たまてばこ	だれが	する（です）	だれ・なに	どこ	いつ
	わたしは	はらいました	300 円を		
	I	paid	300yen.		

日本語の文に合うように、ボックスに単語を入れて英語の文を作りましょう。

① このアイスクリームはいくらですか？

たまてばこ	だれが	する（です）	だれ・なに	どこ	いつ

② そのパンはいくらでしたか？

たまてばこ	だれが	する（です）	だれ・なに	どこ	いつ

③ これらのチョコレートはいくらですか？

たまてばこ	だれが	する（です）	だれ・なに	どこ	いつ

④ あなたはコンビニエンスストアでいくらはらいましたか？

たまてばこ	だれが	する（です）	だれ・なに	どこ	いつ

⑤ そのヨーグルトはいくらですか？

たまてばこ	だれが	する（です）	だれ・なに	どこ	いつ

⑥ それは 100 円です。

だれが	する（です）	だれ・なに	どこ	いつ

答え合わせ＋声出し練習

- まちがったところがあったら、ボックスの下に正しい答えを書きましょう。
- 正しい英語の文の音声を聞いて、まねして声に出して言いましょう。

Lesson 30

意味順ボックスでスッキリ整理！

たまてばこ	だれが	する（です）	だれ・なに	どこ	いつ
What color do 【疑問詞+名詞+do/does】	you 【人称代名詞】	like? 【動詞】			

いろんな質問をしよう

この文を作ってみよう

あなたは何色が好きですか？

37

Point 1 What+名詞　名詞を足せば、さまざまな質問ができる

「何の～」「どんな～」を質問したいときは、Whatの後ろに名詞を足すことでさまざまな質問ができます。

● あなたは何が好きですか？

たまてばこ	だれが	する（です）	だれ・なに	どこ	いつ
何が～ですか？	あなたは	好き			
What do	you	like?			

● あなたは何色が好きですか？

たまてばこ	だれが	する（です）	だれ・なに	どこ	いつ
何色が～ですか？	あなたは	好き			
What color do	you	like?			

! 次のように、What do you like color?にならないように気をつけよう！

たまてばこ	だれが	する（です）	だれ・なに	どこ	いつ
何が～ですか？	あなたは	好き	色が		
✕ What do	you	like	color?		

Point 2 名詞に入る単語　「何の～」「どんな～」でよく聞かれるもの

What＋名詞の形でよく聞くものとして、たとえば、food（食べ物）、drink（飲み物）、animal（動物）、sport（スポーツ）などがあります。

● ヒロシは何の食べ物を食べますか？

たまてばこ	だれが	する（です）	だれ・なに	どこ	いつ
何の食べ物を～ますか？	ヒロシは	食べる			
What food does	Hiroshi	eat?			

● ヒサエは動物園でどんな動物を見ましたか？

たまてばこ	だれが	する（です）	だれ・なに	どこ	いつ
どんな動物を～しましたか？	ヒサエは	見る		動物園で	
What animal did	Hisae	see		at the zoo?	

日本語の文に合うように、ボックスに単語を入れて英語の文を作りましょう。

1 あなたのお姉さんは何色が好きですか？

たまてばこ	だれが	する（です）	だれ・なに	どこ	いつ

2 かのじょは赤が好きです。

だれが	する（です）	だれ・なに	どこ	いつ

3 かれらは何のスポーツをしましたか？

たまてばこ	だれが	する（です）	だれ・なに	どこ	いつ

4 かれらは体育館でバスケットボールをしました。

だれが	する（です）	だれ・なに	どこ	いつ

5 わたしのお父さんは昨日、何の飲み物を飲みましたか？

たまてばこ	だれが	する（です）	だれ・なに	どこ	いつ

have は「飲む」という意味もあるよ

6 かれは朝７時にコーヒーを飲みました。

だれが	する（です）	だれ・なに	どこ	いつ

答え合わせ＋声出し練習

- まちがったところがあったら、ボックスの下に正しい答えを書きましょう。
- 正しい英語の文の音声を聞いて、まねして声に出して言いましょう。

フレーズのまとめ ②

毎日のように使う表現は、場面を思い浮かべながら声に出して、1つずつ覚えていきましょう。 38

● 名前を聞く・名前を伝える

What's your name?	What's your name?

お名前は？

My name is Hiroshi.	My name is Hiroshi.

わたしの名前はヒロシです。

● 道をたずねられる

Where is the station?	Where is the station?

駅はどこですか？

–Go straight.	–Go straight.

まっすぐ行ってください。 ※頭にPleaseをつけるとていねいな言い方になるよ。

–Turn left.	–Turn left.

左に曲がってください。 ※頭にPleaseをつけるとていねいな言い方になるよ。

–Sorry, I don't know.	–Sorry, I don't know.

すみません、わからないです。

● ものを渡してもらう・ものを渡す

Menu, please.	Menu, please.

メニューをお願いします。

Here you are.	Here you are.

こちらです。

● 人に話しかける・前を通る

Excuse me.	Excuse me.

すみません。

「また後で」と伝える

See you later. See you later.

また後で。

「気をつけて」と伝える

Take care. Take care.

気をつけて。

「大丈夫？」とたずねる・「大丈夫」と答える

Are you okay? Are you okay?

大丈夫ですか？

I'm OK. I'm OK.

大丈夫です。

会話にチャレンジ　次の日本語の文を英語の文で書いてみよう。

❶ 男の人：すみません。駅はどこですか？

Man:

アイコ：あそこです。

Aiko:

❷ ヒロシ：グラスをお願いします。

Hiroshi:

かれのおばさん：はい、どうぞ。

His aunt:

単語を覚えよう ⑦

単語力アップ＋総復習 31-35 の予習

❶ しんしつ、ベッドルーム	❷ ステージ
bedroom	stage
ベッルーム	ステイジ

❸ ためる	❹ みがく	❺ 起きる
save	brush	get up
セイヴ	ブラッシュ	ゲラッ

❻ ほうもんする	❼ 片づける
visit	put away
ヴィズィッ	プラウェイ

❽ さわる	❾ 提案する	❿ やめる
touch	suggest	stop
タッチ	サジェス	ストッ

⓫ スケートボード、スケートボードをすること
skateboarding
スケイトボーディン

⓬ 決定する	⓭ 返す
decide	return
ディサイドゥ	リトァーン

● 同じ番号の絵と日本語に合う英語を書きましょう。
▶まず、なぞって書いて、もう一度書きましょう。

音声をくり返し聞いて
まねして言いましょう

⑭ かみの毛	⑮ 歯	⑯ ギター
hair	teeth	guitar
ヘア	ティース	ギタァ

⑰ 楽器	⑱ トランペット
instruments	trumpet
インストゥルメンツ	トランペッ

⑲ がくふ	⑳ バイオリン
musical score	violin
ミュージィカルスコァ	ヴァイオリーン

㉑ たっきゅう
table tennis
テイブルテニス

㉒ 月	㉓ クラシック音楽
moon	classical music
ムーン	クラスィカル　ミューズィック

㉔ シートベルト	㉕ たいくつな	㉖ 安全な
seatbelt	boring	safe
スィーベル	ボァーリン	セイフ

Lesson 31

学習のテーマ　できることを伝えよう

■ 意味順ボックスでスッキリ整理！

だれが	する（です）	だれ・なに	どこ	いつ
Akiko 【名詞／人称代名詞】	can play 【助動詞＋動詞の元の形（原形）】	the piano. 【名詞】		

この文を作ってみよう

アキコはピアノを弾（ひ）くことができます。 40

Point 1 助動詞（じょどうし） 1　can「～することができる」

canを する（です） に入れることで「～することができる」という意味になります。can、must、willなどは助動詞といい、助動詞のあとの動詞は必ず動詞の元の形（原形）になります。

● アキコはピアノを弾くことができます。

だれが	する（です）	だれ・なに	どこ	いつ
アキコは	弾くことができます	ピアノを		
Akiko	can play	the piano.		

Point 2 助動詞 2　must「～しなければならない」

mustを する（です） に入れることで「～しなければならない」という意味になります。

● あなたは4時までに宿題を終わらせなければなりません。

だれが	する（です）	だれ・なに	どこ	いつ
あなたは	終わらせなければなりません	宿題を		4時までに
You	must finish	your homework		by 4 o'clock.

Point 3 助動詞 3　will「～するつもりです／～するでしょう」

willを する（です） に入れることで「～するつもりです」「～するでしょう」という意味になります。

● かのじょは明日、渋谷に行くでしょう。

だれが	する（です）	だれ・なに	どこ	いつ
かのじょは	行くでしょう		渋谷に	明日
She	will go		to Shibuya	tomorrow.

復習ドリル

日本語の文に合うように、ボックスに単語を入れて英語の文を作りましょう。

／6

1 ヒサエとヒロシは夕食後に歯をみがくでしょう。

だれが	する（です）	だれ・なに	どこ	いつ

2 かれらは6時に起きなければなりません。

だれが	する（です）	だれ・なに	どこ	いつ

3 ユリコは車を運転することができます。

だれが	する（です）	だれ・なに	どこ	いつ

4 かのじょは今週末、友だちを訪問（ほうもん）するつもりです。

だれが	する（です）	だれ・なに	どこ	いつ

5 マイクは来年、日本に来るでしょう。

だれが	する（です）	だれ・なに	どこ	いつ

6 かれは日本でたくさんの友だちをつくることができます。

だれが	する（です）	だれ・なに	どこ	いつ

答え合わせ＋声出し練習

- まちがったところがあったら、ボックスの下に正しい答えを書きましょう。
- 正しい英語の文の音声を聞いて、まねして声に出して言いましょう。

Lesson 32

学習のテーマ　できることをたずねよう

意味順ボックスでスッキリ整理！

たまてばこ	だれが	する(です)	だれ・なに	どこ	いつ
Can【助動詞】	you【人称代名詞】	speak【動詞の元の形(原形)】	English?【名詞】		

この文を作ってみよう　**あなたは英語を話すことができますか？**　41

Point 1　疑問文の作り方　助動詞を たまてばこ に入れよう

助動詞の疑問文は助動詞を たまてばこ に入れるだけでかんたんに作れます。

● あなたは英語を話すことができます。

たまてばこ	だれが	する（です）	だれ・なに	どこ	いつ
	あなたは	話すことができます	英語を		
	You	can speak	English.		

● あなたは英語を話すことができますか？

たまてばこ	だれが	する（です）	だれ・なに	どこ	いつ
～することができますか？	あなたは	話す	英語を		
Can	you	speak	English?		

Point 2　否定文の作り方　cannot/ will not/ must not

助動詞の後ろにnotをつけるだけで、否定文にすることができます。否定文でも助動詞の後ろの動詞は必ず動詞の元の形（原形）になるので、動詞に s などはつけません。

● かのじょは英語を話すことができません。

たまてばこ	だれが	する（です）	だれ・なに	どこ	いつ
	かのじょは	話すことができません	英語を		
	She	cannot speak	English.		

Point 3　not の短縮形　can't/ won't/ mustn't

cannotはcan't、will notはwon't、must notはmustn't に短くすることができます。助動詞の後ろの動詞は必ず動詞の元の形（原形）になります。

たまてばこ	だれが	する（です）	だれ・なに	どこ	いつ
	かのじょは	話すことができません	英語を		
	She	can't speak	English.		

can	will	must
cannot	will not	must not
can't	won't	mustn't

日本語の文に合うように、ボックスに
単語を入れて英語の文を作りましょう。

1 ヒロシはギターを弾（ひ）くことができません。

だれが	する（です）	だれ・なに	どこ	いつ

2 かれは来週末、ステージの上で歌を歌うつもりはありません。

だれが	する（です）	だれ・なに	どこ	いつ

3 あなたたちはこれらの楽器をさわってはいけません。

だれが	する（です）	だれ・なに	どこ	いつ

4 わたしのお父さんは自分のトランペットを片づけるつもりはありません。

だれが	する（です）	だれ・なに	どこ	いつ

5 あなたは楽譜（がくふ）を読むことができますか？

たまてばこ	だれが	する（です）	だれ・なに	どこ	いつ

6 あなたは夜８時以降、バイオリンを弾いてはいけません。

だれが	する（です）	だれ・なに	どこ	いつ

答え合わせ＋声出し練習

- まちがったところがあったら、ボックスの下に正しい答えを書きましょう。
- 正しい英語の文の音声を聞いて、まねして声に出して言いましょう。

Lesson 33

学習のテーマ　相手をさそってみよう

■ 意味順ボックスでスッキリ整理！

だれが	する(です)	だれ・なに	どこ	いつ
	Let's speak 【Let's＋動詞の元の形(原形)】	English. 【名詞】		

この文を作ってみよう

英語を話しましょう。

42

相手をさそう文　「～しよう／～しましょう」はLet'sを使って表す

Let's speak English.（いっしょに英語を話そう。）など、相手を何かにさそう文を作るときは、する（です）の最初にLet'sを足せば完成します。Let'sのあとの動詞は原形になります。

● わたしは英語を話します。

だれが	する（です）	だれ・なに	どこ	いつ
わたしは	話します	英語を		
I	speak	English.		

● 英語を話そう。

だれが	する（です）	だれ・なに	どこ	いつ
	話そう	英語を		
	Let's speak	English.		

● かれは朝7時に新宿から電車に乗ります。

だれが	する（です）	だれ・なに	どこ	いつ
かれは	乗ります	電車に	新宿から	朝７時に
He	takes	a train	from Shinjuku	at 7 a.m.

● 朝7時に新宿から電車に乗りましょう。

だれが	する（です）	だれ・なに	どこ	いつ
	乗りましょう	電車に	新宿から	朝７時に
	Let's take	a train	from Shinjuku	at 7 a.m.

Point 2　Let'sでさそう文　Let'sはいっしょに何かをすることを表す

Let's ～.の文は、相手をさそうだけではなく、さそう自分もいっしょにすることを意味します。

● いっしょに昼ごはんを食べましょう。

だれが	する（です）	だれ・なに	どこ	いつ
	いっしょに食べましょう	昼ごはんを		
	Let's have	lunch.		

復習ドリル

日本語の文に合うように、ボックスに単語を入れて英語の文を作りましょう。

1 今日、学校で卓球をしよう。

だれが	する（です）	だれ・なに	どこ	いつ

2 明日、新しい映画を見よう。

だれが	する（です）	だれ・なに	どこ	いつ

3 今からこの宿題を始めよう。

だれが	する（です）	だれ・なに	どこ	いつ

4 今年はお年玉を貯金しよう。

だれが	する（です）	だれ・なに	どこ	いつ

5 午後に、これらの本を図書館に返そう。

だれが	する（です）	だれ・なに	どこ	いつ

6 今日の予定を決めよう。

だれが	する（です）	だれ・なに	どこ	いつ

✓ 答え合わせ＋声出し練習

- まちがったところがあったら、ボックスの下に正しい答えを書きましょう。
- 正しい英語の文の音声を聞いて、まねして声に出して言いましょう。

Lesson 34

学習のテーマ 好きなことを伝えよう

■ 意味順ボックスでスッキリ整理！

だれが	する(です)	だれ・なに	どこ	いつ
I 【人称代名詞】	like 【動詞】	watching soccer. 【動名詞】		

この文を作ってみよう **わたしはサッカーを見ることが好きです。** 43

Point 1 動名詞(どうめいし) 動詞(どうし)を名詞化した「～すること」を使った表現(ひょうげん)①

動詞の元の形（原形）にingをつけると「～すること」という意味になります。名詞と同じような働きをするので動名詞といい、だれ・なに に入れることができます。

● わたしはサッカーが好きです。

だれが	する（です）	だれ・なに	どこ	いつ
わたしは	好きです	サッカーが		
I	like	soccer.		

● わたしはサッカーを見ることが好きです。

だれが	する（です）	だれ・なに	どこ	いつ
わたしは	好きです	サッカーを見ることが		
I	like	watching soccer.		

Point 2 その他の動詞 動名詞として使える動詞を覚えよう

動名詞を使える動詞は限られています。主なものは次のとおりです。1つずつ覚えましょう。

好き	楽しむ	終える	やめる	提案する
like	enjoy	finish	stop	suggest

● わたしは電車の写真を撮(と)ることを楽しみます。

だれが	する（です）	だれ・なに	どこ	いつ
わたしは	楽しみます	電車の写真を撮ることを		
I	enjoy	taking train pictures.		

● あなたはゲームをすることを提案(ていあん)しました。

だれが	する（です）	だれ・なに	どこ	いつ
あなたは	提案しました	ゲームをすることを		
You	suggested	playing games.		

過去形だよ

● かれは授業中に話すことをやめませんでした。

だれが	する（です）	だれ・なに	どこ	いつ
かれは	やめませんでした	話すことを		授業中に
He	didn’t stop	talking		during the class.

日本語の文に合うように、ボックスに単語を入れて英語の文を作りましょう。

／6

1 わたしは家で映画(えいが)を見ることが好きです。

だれが	する（です）	だれ・なに	どこ	いつ

2 わたしは月をながめることが好きです。

だれが	する（です）	だれ・なに	どこ	いつ

3 かのじょは花を買うことを提案しました。

だれが	する（です）	だれ・なに	どこ	いつ

4 かれはしんしつで本を読むことが好きではありません。

だれが	する（です）	だれ・なに	どこ	いつ

5 わたしのお姉さんはかみの毛を伸(の)ばすことをやめました。

だれが	する（です）	だれ・なに	どこ	いつ

6 わたしは毎日、クラシック音楽を聞くことを楽しみます。

だれが	する（です）	だれ・なに	どこ	いつ

✓ 答え合わせ＋声出し練習

- まちがったところがあったら、ボックスの下に正しい答えを書きましょう。
- 正しい英語の文の音声を聞いて、まねして声に出して言いましょう。

Lesson 35

■ 意味順ボックスでスッキリ整理！

だれが	する(です)	だれ・なに	どこ	いつ
My hobby 【人称代名詞＋名詞】	is 【be動詞】	camping. 【動名詞】		

学習のテーマ　することを伝えよう

この文を作ってみよう　**わたしのしゅみはキャンプをすることです。** 44

Point 1 be動詞+動詞ing　動詞を名詞化した「～すること」を使った表現②

「主語＋be動詞」の文の だれ・なに に動詞ingを入れることで、「○○は～することです」と言うことができます。

● わたしのしゅみはキャンプをすることです。

だれが	する（です）	だれ・なに	どこ	いつ
わたしのしゅみは	です	キャンプをすること		
My hobby	is	camping.		

● わたしのお母さんのしゅみは山に登ることです。

だれが	する（です）	だれ・なに	どこ	いつ
わたしのお母さんのしゅみは	です	山に登ること		
My mother's hobby	is	climbing mountains.		

Point 2 主語の入れ替え　「～すること」を主語にすることもできる

だれが ボックスに動詞ingを入れて、「～することが○○です」と言うこともできます。

● 英語を教えることがマイクの仕事です。

だれが	する（です）	だれ・なに	どこ	いつ
英語を教えることが	です	マイクの仕事		
Teaching English	is	Mike's job.		

● 切手を集めることがわたしのしゅみです。

だれが	する（です）	だれ・なに	どこ	いつ
切手を集めることが	です	わたしのしゅみ		
Collecting stamps	is	my hobby.		

日本語の文に合うように、ボックスに単語を入れて英語の文を作りましょう。

／6

① サッカーをすることは楽しいです。

だれが	する（です）	だれ・なに	どこ	いつ

② ヒロシのしゅみはスケートボードをすることです。

だれが	する（です）	だれ・なに	どこ	いつ

③ 絵をかくことがヒサエのしゅみです。

だれが	する（です）	だれ・なに	どこ	いつ

④ 算数を学ぶことはむずかしいです。

だれが	する（です）	だれ・なに	どこ	いつ

⑤ 英語を勉強することはたいくつではありません。

だれが	する（です）	だれ・なに	どこ	いつ

⑥ シートベルトをつけることは安全です。

だれが	する（です）	だれ・なに	どこ	いつ

✓ 答え合わせ＋声出し練習

- まちがったところがあったら、ボックスの下に正しい答えを書きましょう。
- 正しい英語の文の音声を聞いて、まねして声に出して言いましょう。

単語を覚えよう ⑧

単語力アップ＋総復習 36-39 の予習

❶ 心配する	❷ うるさい（状態）	❸ さわがしい（状態）
worry	loud	noisy
ワリィ	ラウド	ノイズィ
❹ 静かな	**❺ 悲しい**	**❻ 正直な**
quiet	sad	honest
クワイエッ	サッド	アネスト
❼ 映画館		**❽ ろうか**
movie theater		hallway
ムーヴィスィアタァ		ハールウェ

● 同じ番号の絵と日本語に合う英語を書きましょう。
▶まず、なぞって書いて、もう一度書きましょう。

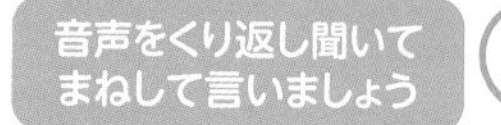

音声をくり返し聞いて
まねして言いましょう
45

もののの名前 5

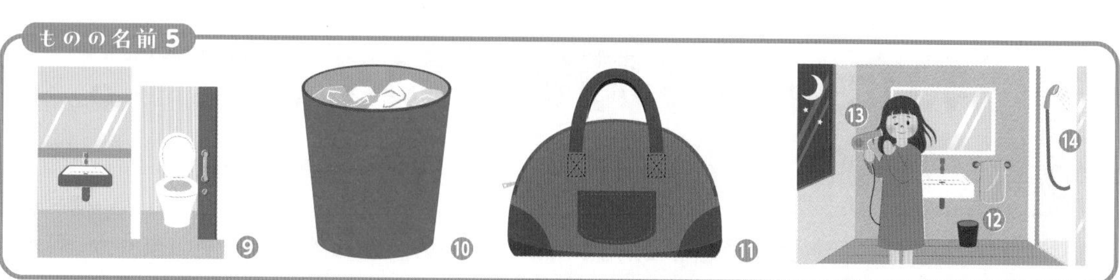

動作 7

⑨ トイレ	⑩ ゴミ	⑪ かばん
toilet	trash	bag
トイレッ	トゥラッシュ	バァッグ

⑫ タオル	⑬ ドライヤー
towel	hair dryer
タウォル	ヘアドゥライヤァ

⑭ シャワー	⑮（車などを）とめる	⑯ 持っていく
shower	park	bring
シャワー	パーク	ブリン

⑰ すてる
throw away
スローァウェイ

⑱ かんげいする
welcome
ウェルカン

Lesson 36

学習のテーマ　したいことを伝えよう

■ 意味順ボックスでスッキリ整理！

だれが	する（です）	だれ・なに	どこ	いつ
I 【人称代名詞】	want to sleep 【want to＋動詞の元の形（原形）】			until 8 o'clock. 【前置詞＋副詞】

この文を作ってみよう　**わたしは８時までねたいです。**　46

Point 1　want to + 動詞　「～したい」はwant to＋動詞で表す

wantは「(～が) ほしい」という意味で、何か「ほしいもの」があるときに使いますが、何か「したいこと」があるときは、「want to + 動詞」を使って表します。

● **わたしは８時までねます。**

だれが	する（です）	だれ・なに	どこ	いつ
わたしは	ねます			８時まで
I	sleep			until 8 o'clock.

● **わたしは８時までねたいです。**

だれが	する（です）	だれ・なに	どこ	いつ
わたしは	ねたいです			８時まで
I	want to sleep			until 8 o'clock.

Point 2　三人称単数（さんにんしょうたんすう）　heやsheが主語（しゅご）のときはwants

主語が三人称単数（he, she, it など）のときは、wantの後ろにsをつけます。また、want toの後ろの動詞は必ず動詞の元の形（原形）になります。

● **かのじょはテレビを見たいです。**

だれが	する（です）	だれ・なに	どこ	いつ
かのじょは	見たいです	テレビを		
She	wants to watch	TV.		

Point 3　否定文（ひていぶん）　「～したくない」はdon't/doesn't want to+動詞

「～したくない」と言いたいときは、don't/doesn't want to ～となります。否定文の場合も、want toの後ろの動詞は必ず動詞の元の形（原形）になります。

● **かれは野菜を食べたくありません。**

だれが	する（です）	だれ・なに	どこ	いつ
かれは	食べたくありません	野菜を		
He	doesn't want to eat	vegetables.		

日本語の文に合うように、ボックスに単語を入れて英語の文を作りましょう。

① わたしはトイレに行きたいです。

だれが	する（です）	だれ・なに	どこ	いつ

② わたしは夏に旅行に行きたいです。

だれが	する（です）	だれ・なに	どこ	いつ

③ わたしのお父さんはエアコンを使いたくありません。

だれが	する（です）	だれ・なに	どこ	いつ

④ かれはタオルを使いたいです。

だれが	する（です）	だれ・なに	どこ	いつ

⑤ かのじょはシャワーのあとにドライヤーを使いたいです。

だれが	する（です）	だれ・なに	どこ	いつ

⑥ わたしのお母さんは夕食の間、テレビを見たくありません。

だれが	する（です）	だれ・なに	どこ	いつ

答え合わせ＋声出し練習

- まちがったところがあったら、ボックスの下に正しい答えを書きましょう。
- 正しい英語の文の音声を聞いて、まねして声に出して言いましょう。

Lesson 37

学習のテーマ　今していることを伝えよう

意味順ボックスでスッキリ整理！

だれが	する(です)	だれ・なに	どこ	いつ
I 【人称代名詞】	am watching 【be動詞＋動詞ing】	TV 【名詞】		now. 【副詞】

この文を作ってみよう

わたしは今、テレビを見ています。 47

「今～している」のように、動作が続いているときは現在進行形(げんざいしんこうけい)を使います。

Point 1 現在進行形　する（です）を使う

「今、～している」という動作が続いている場合は、be動詞(どうし)（am, is, are）＋動詞の元の形（原形）ingを する（です） に入れます。be動詞は だれが によって変わるので注意しましょう。

● わたしは今、テレビを見ています。

だれが	する（です）	だれ・なに	どこ	いつ
わたしは	見ています	テレビを		今
I	am watching	TV		now.

● あなたは今、英語を勉強しています。

だれが	する（です）	だれ・なに	どこ	いつ
あなたは	勉強しています	英語を		今
You	are studying	English		now.

● カナは今、ソファーの上でねています。

現在進行形では「今」（now）がよく使われるよ

だれが	する（です）	だれ・なに	どこ	いつ
カナは	ねています		ソファーの上で	今
Kana	is sleeping		on the sofa	now.

Point 2 過去進行形(かこしんこうけい)　過去進行形はbe動詞をwas, wereにする

「そのとき、～していました」など、過去に行っていた動作を表したいときは過去進行形を使います。 する（です） にbe動詞（am, is, are）＋動詞の元の形（原形）ingを入れます。be動詞はwasまたはwereに変えるだけです。

● わたしはそのとき、本を読んでいました。

だれが	する（です）	だれ・なに	どこ	いつ
わたしは	読んでいました	本を		そのとき
I	was reading	a book		then.

● かれらはそのとき、サッカーをしていました。

だれが	する（です）	だれ・なに	どこ	いつ
かれらは	していました	サッカーを		そのとき
They	were playing	soccer		then.

過去進行形では「そのとき」（then）がよく使われるよ

日本語の文に合うように、ボックスに単語を入れて英語の文を作りましょう。

／6

① わたしたちはそのとき、テニスをしていました。

だれが	する（です）	だれ・なに	どこ	いつ

② かれらは今、レストランでサラダを注文しています。

だれが	する（です）	だれ・なに	どこ	いつ

③ トモはそのとき、手紙を書いていました。

だれが	する（です）	だれ・なに	どこ	いつ

④ ユリコは今、ダイスケと公園でおしゃべりをしています。

だれが	する（です）	だれ・なに	どこ	いつ

⑤ ヒロシのお父さんは今、車を洗(あら)っていますか？

たまてばこ	だれが	する（です）	だれ・なに	どこ	いつ

⑥ いいえ、かれは今、車を洗っていません。

たまてばこ	だれが	する（です）	だれ・なに	どこ	いつ

答え合わせ＋声出し練習

- まちがったところがあったら、ボックスの下に正しい答えを書きましょう。
- 正しい英語の文の音声を聞いて、まねして声に出して言いましょう。

Lesson 38

学習のテーマ　相手に指示をしよう①

■ 意味順ボックスでスッキリ整理！

だれが	する(です)	だれ・なに	どこ	いつ
	Come 【動詞の元の形(原形)】		here. 【副詞】	

この文を作ってみよう　**ここに来なさい。**　48

Point 1 命令文の作り方　動詞の元の形（原形）から文が始まる

命令文は、相手に指示をするとき（相手に強く何かの動作をさせるとき）などに使います。次の文のように、一般動詞を使った命令文は目の前の相手に向かって使われるので、だれが には何も入りません。必ず動詞の元の形（原形）から文を作ります。

● ここに来なさい。

だれが	する（です）	だれ・なに	どこ	いつ
	来なさい		ここに	
	Come		here.	

● 今すぐ家に帰りなさい。

だれが	する（です）	だれ・なに	どこ	いつ
	帰りなさい	家に		今すぐ
	Go	home		right now.

Point 2 be動詞を使った命令文　be動詞の元の形（原形）から文が始まる

Be quiet in the library.（図書館の中では静かにしなさい。）など、be動詞を使った命令文は、be動詞の原形のBe（文の最初なのでbe→Be）から始まります。

● 図書館の中では静かにしなさい。

だれが	する（です）	だれ・なに	どこ	いつ
	～しなさい	静かな（状態）	図書館の中では	
	Be	quiet	in the library.	

Point 3 お願いをする文　「(どうぞ) ～してください」の言い方

命令文のほかにも、「(どうぞ) ～してください」など、相手に対して、ある動作などを求める文があります。「(どうぞ) ここに座ってください。」や「(どうぞ) 次回は気をつけてください。」などは、たまてばこ にPleaseを入れて、ていねいな表現にできます。

● (どうぞ) ここに座ってください。

たまてばこ	だれが	する（です）	だれ・なに	どこ	いつ
(どうぞ)		座ってください		ここに	
Please		sit down		here.	

● (どうぞ) 次回は気をつけてください。

たまてばこ	だれが	する（です）	だれ・なに	どこ	いつ
(どうぞ)		～してください	気をつける		次回は
Please		be	careful		next time.

復習ドリル

日本語の文に合うように、ボックスに単語を入れて英語の文を作りましょう。

／6

1 映画館(えいがかん)の中では静かにしなさい。

だれが	する（です）	だれ・なに	どこ	いつ

2 正直になりなさい。

だれが	する（です）	だれ・なに	どこ	いつ

3 このかばんをあなたの部屋に持っていきなさい。

だれが	する（です）	だれ・なに	どこ	いつ

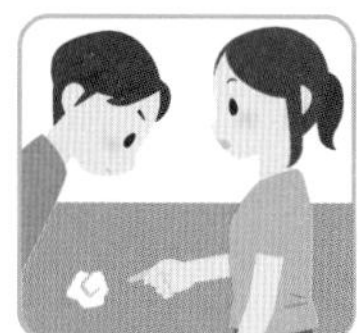

4 そのゴミを捨ててください。

だれが	する（です）	だれ・なに	どこ	いつ

5 (どうぞ)わたしたちの新しいクラスメイトを歓迎(かんげい)してください。

たまてばこ	だれが	する（です）	だれ・なに	どこ	いつ

6 (どうぞ) お立ちください。

たまてばこ	だれが	する（です）	だれ・なに	どこ	いつ

答え合わせ＋声出し練習

- まちがったところがあったら、ボックスの下に正しい答えを書きましょう。
- 正しい英語の文の音声を聞いて、まねして声に出して言いましょう。

Lesson 39

学習のテーマ　相手に指示をしよう②

■ 意味順ボックスでスッキリ整理！

だれが	する（です）	だれ・なに	どこ	いつ
	Don't sleep 【Do+not +動詞の元の形（原形）】			during the class. 【前置詞+名詞】

この文を作ってみよう　**授業中にねてはいけません。**　49

Point 1　禁止の文　「～してはいけません」はDon'tを使う

「授業中にねてはいけません。」など、相手に対し、あることを禁止する文があります。この文は、一般動詞、be動詞に関係なく、「～しなさい」の文の最初にDon'tを足すと完成します。

● 授業中にねてはいけません。

だれが	する（です）	だれ・なに	どこ	いつ
	ねてはいけません			授業中に
	Don't sleep			during the class.

● はずかしがってはいけません。

だれが	する（です）	だれ・なに	どこ	いつ
	～してはいけません	はずかしがる		
	Don't be	shy.		

Point 2　お願いをする文　「（どうぞ）～しないでください」の言い方

Don't～の文に、お願いする気持ちを表すPleaseを足せば、「（どうぞ）～しないでください」など、相手に何かをしないようにお願いする文が作れます。

● （どうぞ）ドアを開けないでください。

たまてばこ	だれが	する（です）	だれ・なに	どこ	いつ
（どうぞ）		開けないでください	ドアを		
Please		don't open	the door.		

● （どうぞ）遅れないでください。

たまてばこ	だれが	する（です）	だれ・なに	どこ	いつ
（どうぞ）		～しないでください	遅れる		
Please		don't be	late.		

日本語の文に合うように、ボックスに単語を入れて英語の文を作りましょう。

／6

1 心配してはいけません。

だれが	する（です）	だれ・なに	どこ	いつ

2 ろうかで走ってはいけません。

だれが	する（です）	だれ・なに	どこ	いつ

in を使うよ

3 ここで泳いではいけません。

だれが	する（です）	だれ・なに	どこ	いつ

4 （どうか）悲しまないでください。

たまてばこ	だれが	する（です）	だれ・なに	どこ	いつ

5 （どうか）電車の中でさわがないでください。

たまてばこ	だれが	する（です）	だれ・なに	どこ	いつ

6 （どうか）わたしの家の前にあなたの車をとめないでください。

たまてばこ	だれが	する（です）	だれ・なに	どこ	いつ

答え合わせ＋声出し練習

- まちがったところがあったら、ボックスの下に正しい答えを書きましょう。
- 正しい英語の文の音声を聞いて、まねして声に出して言いましょう。

フレーズのまとめ ③

毎日のように使う表現(ひょうげん)は、場面を思い浮かべながら声に出して、1つずつ覚えていきましょう。 50

あやまる・はげます・声をかける

I'm sorry.	I'm sorry.

すみません。／ごめんなさい。

No problem.	No problem.

大丈夫です。／問題ないです。

Don't worry.	Don't worry.

気にしないで。

It's OK.	It's OK.

大丈夫です。

Hurry up!	Hurry up!

急いで！

Please relax.	Please relax.

落ち着いてください。

相手の言ったことに感想などを言う

That's right.	That's right.

そのとおりです。

Very good.	Very good.

とてもいいです。

Good job!	Good job!

よくやったね！

Wonderful!	Wonderful!

すばらしいです！

That's amazing!	That's amazing!

すごい！

Sounds good.	Sounds good.

いいですね。

Really?	Really?

本当？

No kidding!	No kidding!

うそでしょ!?／まじ？

Unbelievable!	Unbelievable!

信じられない！

もう一度言ってほしい

Pardon?	Pardon?

なんて言いましたか？

Could you say that again?	Could you say that again?

もう一度言ってもらえますか？

会話にチャレンジ　次の日本語の文を英語の文で書いてみよう。

❶ アイコ：ごめん。

Aiko:

マイク：気にするなよ。

Mike:

❷ ヒロシ：昨日、サッカー場でケンに会ったよ。

Hiroshi:

アイコ：本当？

Aiko:

コラム1 単数と複数の形の違いに注意しよう！

英語の単語（名詞）には、「単数形」と「複数形」の2つがあります。このコラムでは、単数形と複数形の主な違いや注意点について確認しておこう。

1 「わたし」や「かれ」など、1人（単数）から複数になると単語が変わるよ。

単数		複数
わたし I	▶	わたしたち We
あなた You	▶	あなたたち You

単数		複数
かれ He	▶	かれら They
かのじょ She	▶	かのじょら They

2 人、食べ物、乗り物など、数が数えられる単語（名詞）の場合、単数形のときは aを単語の前に、複数形のときは単語の最後にs/esをつけよう。

単語		単数	複数
友だち friend	▶	友だち a friend	友だちたち friends
生徒 student	▶	生徒 a student	生徒たち students
先生 teacher	▶	先生 a teacher	先生たち teachers

単語		単数	複数
ネコ cat	▶	ネコ a cat	ネコたち cats
トマト tomato	▶	トマト a tomato	トマト（2個以上） tomatoes
車 car	▶	車 a car	車（2台以上） cars

3 apple (りんご)、orange（みかん）、egg（たまご）など、単語が「母音」（アイウエオの音）から始まるときは、aではなくanを使おう。

単語		単数	複数
りんご apple	▶	りんご（1個） an apple	りんご（複数） apples
みかん orange	▶	みかん（1個） an orange	みかん（複数） oranges
たまご egg	▶	たまご（1個） an egg	たまご（複数） eggs

4 会話の中で最初に話題に出る単語にはa/anを使い、2回目以降はtheを使おう。

● これはりんごです。

だれが	する（です）	だれ・なに	どこ	いつ
これは	です	りんご		
This	is	an apple.		

● (その) りんごはあまいです。

だれが	する（です）	だれ・なに	どこ	いつ
(その) りんごは	です	あまい		
The apple	is	sweet.		

まとめのテスト

ここまでよくがんばったね！
今まで習ったことを思い出して、最後の問題にチャレンジだ。
わからないときは前のページを見ても OK ！

まとめのテスト 1 51

次の日本語のことばを英語にしてください。 (各1点× 10 = 10点)

❶ 女の子

❷ 生徒

❸ 医者

❹ 友だち

❺ はさみ

❻ チームメイト

❼ けいさつかん

❽ いそがしい

❾ 大きいつくえ

❿ 小さいイス

点数合計 ／30

次の日本語の文を英語の文にしてください。 (各 2 点× 10 = 20 点)

❶ わたしは生徒です。

____ ______ ____ ________.

❷ かれはわたしのクラスメイトです。

______ ____ ______ __________.

❸ かのじょは英語の先生です。

______ ____ ______ ________ ________.

❹ わたしたちはいとこです。

______ ______ ________.

❺ これはわたしの教科書です。

______ ____ ______ ________.

❻ それらはかれのはさみです。

________ ______ ______ ________.

❼ あなたのお父さんはパイロットです。

______ ________ ____ ____ ______.

❽ わたしのつくえは小さいです。

______ ______ ____ ______.

❾ わたしたちは夕食を食べます。

______ ______ ______.

❿ マイクは英語を話します。

______ ________ ________.

まとめのテスト2 (52)

次の日本語のことばを英語にしてください。 (各 1 点× 10 = 10 点)

❶ 春

❷ 夏

❸ 秋

❹ 冬

❺ 朝食

❻ 昼食

❼ 夕食

❽ わたしたちの教室

❾ あなたのくつ

❿ わたしの
お母さんの車

点数合計 ／30

次の日本語の文を英語の文にしてください。 (各 2 点× 10 = 20 点)

❶ 夏は暑いです。

________ _____ ______ .

❷ それはわたしのスマートフォンです。

_____ _____ ______ __________ .

❸ これらはわたしのえんぴつです。

_______ ______ ______ ________ .

❹ あの犬は大きいです。

_______ _______ _____ ______ .

❺ わたしのネコはソファーの上でねます。

______ ______ ________ ______ ______ _______ .

❻ わたしたちは教室で教科書を読みます。

_____ ______ _____ _________ ____ _____ __________ .

❼ それらはあなたのイヤフォンですか？ いいえ、これらはヒサエのイヤフォンです。

______ ________ _______ ____________ ?

______ ________ ______ _________ ____________ .

❽ ヒロシは先生ですか？ いいえ、かれはわたしのクラスメイトです。

___ _______ __ ________ ? _____ ____ ___ ____ __________ .

❾ あなたは車を運転しますか？ はい、わたしは毎日、車を運転します。

_____ ______ ________ ____ ______ ?

______ ___ ________ ____ ______ ________ ______ .

❿ かのじょはテレビを見ますか？ いいえ、かのじょはテレビを見ません。

_______ ______ _________ ______ ?

______ ______ __________ _________ ______ .

まとめのテスト3 53

次の日本語のことばを英語にしてください。 (各1点×10＝10点)

❶ ～で（～の中で）

❷ ～の上で

❸ わたしの家から

❹ 駅まで

❺ 若い先生

❻ 新しい選手

❼ かわいい女の子

❽ わたしのもの

❾ あなたのもの

❿ かれらのもの、かのじょらのもの

点数合計 ／30

次の日本語の文を英語の文にしてください。 (各 2 点× 10 = 20 点)

❶ りんごとみかんが 1 つずつテーブルの上にあります。

____ ____ ____ ____ ____ ____ ____ ____ ____ .

❷ わたしのネコはベッドの近くにいます。

____ ____ ____ ____ ____ ____ .

❸ わたしたちの昼食は 1 時からです。

____ ____ ____ ____ ____ ____ .

❹ わたしたちはすいかを食べます。

____ ____ ____ .

❺ わたしは図書館から家に帰ります。

____ ____ ____ ____ ____ ____ .

❻ これは何ですか？

____ ____ ____ ?

❼ あなたの誕生日はいつですか？　わたしの誕生日は 5 月 1 日です。

____ ____ ____ ____ ?

____ ____ ____ ____ ____ .

❽ ポチはどこにいますか？　ポチはテーブルのそばにいます。

____ ____ ____ ? ____ ____ ____ ____ ____ .

❾ あの背の高い男の子はだれですか？　あれはヒロシのお兄さんです。

____ ____ ____ ____ ____ ?

____ ____ ____ ____ ____ .

❿ あなたのくつはどれですか？　これらがわたしのものです。

____ ____ ____ ____ ? ____ ____ ____ .

まとめのテスト4 54

次の日本語のことばを英語にしてください。　(各1点× 10 = 10点)

❶ ～と話す、おしゃべりする

❷ 来る

❸ 学ぶ、習う

❹ 会う

❺ 提案する

❻ 気をつける、用心深い(状態)

❼ 静かな(状態)

❽ 正直な(状態)

❾ おいしいくだもの

❿ むずかしい教科書

点数合計　／30

次の日本語の文を英語の文にしてください。　(各 2 点× 10 = 20 点)

❶ ヒロシは英語を話すことができます。

______ ______ ______ ______ .

❷ わたしたちは今週末、大阪(おおさか)に行くつもりです。(行くつもりです⇒ will(ウィル) go)

______ ______ ______ ______ ______ ______ ______ .

❸ わたしたちは沖縄(おきなわ)に旅行に行きたいです。

______ ______ ______ ______ ______ ______ .

❹ ヒロシは野菜を食べたくありません。

______ ______ ______ ______ ______ ______ .

❺ わたしは昨日、ユリコと話しました。

______ ______ ______ ______ ______ .

❻ かのじょたちは何時にバスに乗りますか？　かのじょたちは午後 3 時にバスに乗ります。

______ ______ ______ ______ ______ ______ ______ ?

______ ______ ______ ______ ______ ______ ______

❼ ヒロシはどこで英語を勉強しますか？　かれは自分の部屋で勉強します。

______ ______ ______ ______ ______ ? ______ ______ ______ ______ ______ .

❽ 今日の授業はどうでしたか？　今日の授業はたいくつでした。

______ ______ ______ ______ ? ______ ______ ______ ______ .

❾ だれが夕食後にお皿を洗(あら)いますか？　ヒロシとヒサエが夕食後にお皿を洗います。

______ ______ ______ ______ ______ ?

______ ______ ______ ______ ______ ______ ______ .

❿ あなたは毎朝、何をしますか？　わたしは 8 時に新宿駅から電車に乗ります。

______ ______ ______ ______ ______ ______ ?

______ ______ ______ ______ ______ ______ ______ ______ ______ .

まとめのテスト5 55

次の日本語のことばを英語にしてください。 (各1点× 10 = 10点)

❶ はずかしい（状態（じょうたい））

❷ ろうか

❸ シートベルト

❹ トイレ

❺ シャワー

❻ 集める

❼ 決定する

❽ 訪問（ほうもん）する

❾ お金をためる

❿ 捨（す）てる

点数合計 ／30

次の日本語の文を英語の文にしてください。 (各2点× 10 = 20点)

❶ ソファーの上で食べてはいけません。

_____ _____ _____ _____ _____ .

❷ どうぞわたしのペンを使ってください。

_____ _____ _____ _____ .

❸ わたしはベッドの上でマンガを読むことが好きです。

_____ _____ _____ _____ _____ _____ _____ _____ .

❹ あなたはピアノを弾(ひ)くことができますか？

_____ _____ _____ _____ _____ ?

❺ わたしの先生は本を読むことを提案しました。

_____ _____ _____ _____ _____ .

❻ 英語を話すことは楽しいです。

_____ _____ _____ _____ .

❼ わたしたちのしゅみはキャンプをすることです。

_____ _____ _____ _____ .

❽ 昨日、あなたは何を食べましたか？　サラダを食べました。

_____ _____ _____ _____ _____ ? _____ _____ _____ _____ .

❾ なぜ、わたしのお父さんは朝9時までねましたか？　なぜなら、つかれていたからです。

_____ _____ _____ _____ _____ _____ _____ _____ ?

_____ _____ _____ _____ .

❿ かれらは今、何を勉強していますか？　教室で算数を勉強しています。

_____ _____ _____ _____ _____ ?

_____ _____ _____ _____ _____ _____ _____ .

コラム2 数字を覚えよう！

下の表を見ながら、ステップごとに覚えよう。

1 まずは、青色のマスの中にある1～10の数字を覚えよう。

2 次に、ピンク色のマスの中にある11～20を覚えよう。

よく見ると、14～19までの数字は14（fourteen）や17（seventeen）など、青色のマスの数字にteenをつけるものが多いね。

3 最後に、緑色のマスの数字を覚えよう。

緑色のマスは、100（hundred）以外、20（twenty）や60（sixty）など、最後にtyばかりだね。

4 数字の21からは、緑色のマスと青色のマスをくっつけよう。

例えば、「64」の場合は、緑色のマスの「60」と青色のマスの「4」をくっつけて、sixty-fourになるよ。

数字を使った文で確認（かくにん）してみよう。

● **わたしは13歳です。**

I am thirteen years old.

● **わたしのお姉さんは21歳です。**

My older sister is twenty-one years old.

● **わたしのお父さんは44歳です。**

My father is forty-four years old.

● **わたしのおばあちゃんは63歳です。**

My grandmother is sixty-three years old.

1	2	3	4	5
one	two	three	four	five
6	7	8	9	10
six	seven	eight	nine	ten
11	12	13	14	15
eleven	twelve	thirteen	fourteen	fifteen
16	17	18	19	
sixteen	seventeen	eighteen	nineteen	
20	30	40	50	60
twenty	thirty	forty	fifty	sixty
70	80	90	100	
seventy	eighty	ninety	hundred	

中学英語の予習

■ 意味順ボックスでスッキリ整理！

だれが	する（です）	だれ・なに	どこ	いつ
I 【人称代名詞】	like 【動詞】	cats and dogs. 【名詞＋and＋名詞】		

学習のテーマ **andを使って2つの文をつなごう**

この文を作ってみよう

わたしはネコと犬が好きです。

56

andにはたくさんの使い方があります。ここでは主な使い方を学びましょう。

Point 1 単語+ and +単語　「～と～」はandを使って表す

「～と～」のように、単語と単語をくっつける（連結(れんけつ)する）場合は、andを使って表すことができます。だれが や だれ・なに などに入れる2つの単語のほか、する（です） に入れる2つの動作をくっつけて表現(ひょうげん)することもできます。

● **ヒロシとヒサエは毎日、家でテレビを見ます。**

たまてばこ	だれが	する（です）	だれ・なに	どこ	いつ
	ヒロシとヒサエは	見ます	テレビを	家で	毎日
	Hiroshi and Hisae	watch	TV	at home	every day.

● **わたしは昨日、夕食を作って食べました。**

たまてばこ	だれが	する（です）	だれ・なに	どこ	いつ
	わたしは	作って食べました	夕食を		昨日
	I	cooked and ate	dinner		yesterday.

● **わたしはネコと犬が好きです。**

たまてばこ	だれが	する（です）	だれ・なに	どこ	いつ
	わたしは	好きです	ネコと犬が		
	I	like	cats and dogs.		

● **この電車は京都(きょうと)と大阪(おおさか)へ行きます。**

たまてばこ	だれが	する（です）	だれ・なに	どこ	いつ
	この電車は	行きます		京都と大阪へ	
	This train	goes		to Kyoto and Osaka.	

Point 2 文+ and +文　文をつなげるときもandを使おう

andは単語と単語だけでなく、「～、（そして）～」のように、文と文をくっつけるときにも使うことができます。2つの文をつなげるときは、まず、andを たまてばこ に入れます。そのとき、1つ目の文の最後にコンマ（,）がつきます。

● **わたしのお母さんは買い物に行き、（そして）わたしは自分の部屋で英語を勉強しました。**

たまてばこ	だれが	する（です）	だれ・なに	どこ	いつ
	わたしのお母さんは	行きました	買い物に		
	My mother	went	shopping,		
（そして）	わたしは	勉強しました	英語を	わたし（自分）の部屋で	
and	I	studied	English	in my room.	

1つ目の文の最後にコンマをつけるよ

日本語の文に合うように、ボックスに単語を入れて英語の文を作りましょう。

／4

① あなたは毎日、バスと電車に乗ります。

だれが	する（です）	だれ・なに	どこ	いつ

② トオルは午後２時と４時に牛乳を飲みます。

だれが	する（です）	だれ・なに	どこ	いつ

③ 本屋は銀行の向かいにあり、（そして）銀行は郵便局のとなりにあります。

たまてばこ	だれが	する（です）	だれ・なに	どこ	いつ

④ わたしのお父さんは車を運転し、（そして）わたしたちは車の中で映画（えいが）を見ます。

たまてばこ	だれが	する（です）	だれ・なに	どこ	いつ

答え合わせ＋声出し練習

- まちがったところがあったら、ボックスの下に正しい答えを書きましょう。
- 正しい英語の文の音声を聞いて、まねして声に出して言いましょう。

学習のテーマ **butやsoを使って長文を作ろう**

意味順ボックスでスッキリ整理！

たまてばこ	だれが	する(です)	だれ・なに	どこ	いつ
but【接続詞】	Tomo he【名詞／人称代名詞】	can play can't play【動詞】	the piano, the guitar.【名詞】		

トモはピアノを弾(ひ)くことはできますが、(かれは) ギターを弾くことができません。

57

andのようにbutやsoを使って文と文をつなぎ、さまざまな長文を作ることができます。

Point 1 接続詞 but　butは「～、しかし（が）～」を表す

butは、「～、しかし（が）～」のように、2つの文をつなぐために使われます。butを使う文では、前の文と後の文が反対の関係になっています。andと同じように、2つの文をつなげるときはまず、butを たまてばこ に入れます。そして1つ目の文の最後にコンマがつきます。

● トモはピアノを弾くことができますが、（かれは）ギターを弾くことができません。

たまてばこ	だれが	する（です）	だれ・なに	どこ	いつ
	トモは	弾くことができます	ピアノを		
	Tomo	can play	the piano,		
しかし（が）	（かれは）	弾くことができません	ギターを		
but	he	can't play	the guitar.		

1つ目の文の最後にコンマをつけるよ

Point 2 接続詞 so　soは「～だから（なので）～」を表す

soも「～だから（なので）～」のように、文と文をくっつけるときに使われます。soを使う文のときは、まず最初の文で、あることがらに対する理由を伝えて、続いて、あとの文でその結果を説明します。

● わたしは今おなかがすいているので、（わたしは）ホットドッグを食べます。

たまてばこ	だれが	する（です）	だれ・なに	どこ	いつ
	わたしは	です	おなかがすいている（状態）		今
	I	am	hungry		now,
だから（なので）	（わたしは）	食べます	ホットドッグを		
so	I	eat	a hotdog.		

1つ目の文の最後にコンマをつけるよ

日本語の文に合うように、ボックスに
単語を入れて英語の文を作りましょう。

／4

1 わたしは今日つかれていたので、(わたしは) お風呂に入りました。

たまてばこ	だれが	する(です)	だれ・なに	どこ	いつ

2 ユリコはおかしを買いたいですが、(かのじょは) お金を持っていません。

たまてばこ	だれが	する(です)	だれ・なに	どこ	いつ

3 英語のテストは明日なので、わたしは10時まで英語を勉強します。

たまてばこ	だれが	する(です)	だれ・なに	どこ	いつ

4 かのじょたちは本屋に行きましたが、(かのじょたちは) 本を買いませんでした。

たまてばこ	だれが	する(です)	だれ・なに	どこ	いつ

答え合わせ+声出し練習

- まちがったところがあったら、ボックスの下に正しい答えを書きましょう。
- 正しい英語の文の音声を聞いて、まねして声に出して言いましょう。

■ 意味順ボックスでスッキリ整理！

たまてばこ	だれが	する(です)	だれ・なに	どこ
When	I	went		to Osaka,
	I	ate	takoyaki.	
【接続詞】	【人称代名詞】	【動詞】	【名詞】	【前置詞＋名詞】

学習のテーマ　whenとwhileを使って長文を作ろう

この文を作ってみよう

わたしは大阪(おおさか)に行ったとき、(わたしは)たこ焼きを食べました。

58

when（～するとき）とwhile（～する間）は、時間を表す接続詞(せつぞくし)です。whenとwhileを使って、文と文をくっつけて、さまざまな長文を作ってみましょう。

Point 1　接続詞 When　Whenは「～するとき」を表す

2つの文をつなげる役割(やくわり)をするWhenは、「～するとき、～」のように、続けて起こることがらをつなげるときに使う表現(ひょうげん)です。Whenから始まる文の場合、1つ目の文の最後にコンマをつけ、そのあとに2つ目の文が続きます。

● わたしは大阪に行ったとき、（わたしは）たこ焼きを食べました。

たまてばこ	だれが	する（です）	だれ・なに	どこ	いつ
～とき	わたしは	行きました		大阪に	
When	I	went		to Osaka,	
	（わたしは）	食べました	たこ焼きを		
	I	ate	takoyaki.		

When が最初につく文の最後にはコンマがつくよ

Point 2　接続詞 While　Whileは「～する間」を表す

Whileは「～する間、～」のように、2つのことがらが同時に起こっていることを表現します。Whenから始まる文と同じように、Whileから始まる文では、1つ目の文の最後にコンマをつけ、その後に2つ目の文が続きます。

● わたしは電車に乗っている間、（わたしは）新聞を読みます。

たまてばこ	だれが	する（です）	だれ・なに	どこ	いつ
～しているとき	わたしは	乗っている	電車に		
While	I	am taking	the train,		
	（わたしは）	読みます	新聞を		
	I	read	a newspaper.		

While が最初につく文の最後にはコンマがつくよ

復習ドリル

日本語の文に合うように、ボックスに単語を入れて英語の文を作りましょう。

／4

❶ リサはレストランに行ったとき、（かのじょは）ハンバーガーを食べました。

たまてばこ	だれが	する（です）	だれ・なに	どこ	いつ

❷ わたしが宿題をしている間、わたしのお母さんは夕食を作ります。

たまてばこ	だれが	する（です）	だれ・なに	どこ	いつ

❸ わたしは病気のとき、（わたしは）ベッドでねます。

たまてばこ	だれが	する（です）	だれ・なに	どこ	いつ

❹ わたしのお父さんが怒（おこ）っている間、わたしは自分のスマートフォンを使うことができません。

たまてばこ	だれが	する（です）	だれ・なに	どこ	いつ

答え合わせ＋声出し練習

- まちがったところがあったら、ボックスの下に正しい答えを書きましょう。
- 正しい英語の文の音声を聞いて、まねして声に出して言いましょう。

■ 意味順ボックスでスッキリ整理！

たまてばこ	だれが	する(です)	だれ・なに	どこ	いつ
Because	I	was	tired		yesterday,
	I	slept			early.
【接続詞】	【人称代名詞】	【動詞】	【形容詞】		【副詞】

学習のテーマ **becauseを使って長文を作ろう**

この文を作ってみよう

わたしは昨日つかれていたので、早くねました。

59

when (～するとき) とwhile (～する間) 以外にも、さまざまな接続詞(せつぞくし)があります。because (なぜなら～なので) とif (もし～なら) もよく使う接続詞ですので、使い方を覚えておきましょう。

Point 1 接続詞 Because　Becauseは「(なぜなら) ～なので」を表す

Becauseは、「(なぜなら) ～なので」という、原因や理由を表す接続詞です。Becauseがつく最初の文で原因や理由を、後ろの文でその文の結果を伝えます。

● **わたしは昨日つかれていたので、(わたしは) 早くねました。**

たまてばこ	だれが	する（です）	だれ・なに	どこ	いつ
(なぜなら)～なので	わたしは	でした	つかれている(状態)		昨日
Because	I	was	tired		yesterday,
	(わたしは)	ねました			早く
	I	slept			early.

Because が最初につく文の最後にはコンマがつくよ

Point 2 接続詞 If　Ifは「もし～なら」を表す

Ifは、「もし～なら」という仮定(かてい)を表す文を作ることができます。「もしものこと」を話すので、あとの文は未来表現(みらいひょうげん)のwillやbe going to (～するでしょう／～するつもりです) を使います。

● **もしあなたが今いそがしいのなら、わたしはあなたを手伝うでしょう。**

たまてばこ	だれが	する（です）	だれ・なに	どこ	いつ
もし～なら	あなたは	です	いそがしい		今
If	you	are	busy		now,
	わたしは	手伝うでしょう	あなたを		
	I	will help	you.		

if が最初につく文の最後にはコンマがつくよ

日本語の文に合うように、ボックスに単語を入れて英語の文を作りましょう。

／4

1 トオルは野菜が好きなので、かれのお母さんはサラダを作ります。

たまてばこ	だれが	する（です）	だれ・なに	どこ	いつ

2 もし明日雨なら、わたしたちはキャンプに行かないでしょう。

たまてばこ	だれが	する（です）	だれ・なに	どこ	いつ

3 ヒロシは英語を話すことが好きなので、かれは毎日マイクとおしゃべりをします。

たまてばこ	だれが	する（です）	だれ・なに	どこ	いつ

4 わたしはバスケットボールがしたいので、体育館に行きます。

たまてばこ	だれが	する（です）	だれ・なに	どこ	いつ

答え合わせ＋声出し練習

- まちがったところがあったら、ボックスの下に正しい答えを書きましょう。
- 正しい英語の文の音声を聞いて、まねして声に出して言いましょう。

小学英語 単語リスト

小学生のうちに覚えておきたい英単語です。

A

▶▶▶▶▶ 60

a/an	1つの、1人の
about	～について、～に関する
after	～の後で
afternoon	午後
again	もう一度、再び、また
ago	～の前に
airplane	飛行機
airport	空港
all	全部、全員、すべて
always	いつも
American	アメリカ人
and	そして
and so on	などなど
angry	怒(おこ)っている
animal	動物
answer	答え、答える
apple	りんご
April	4月
at	～で、～に［場所］
August	8月
autumn	秋 ※fall（P.135）も「秋」

B

backpack	リュックサック
bad	悪い
bag	かばん
bakery	パン屋
ball	ボール
banana	バナナ
baseball	野球
basketball	バスケットボール
bath	風呂(ふろ)、入浴
be	～である
beach	砂浜
bean	豆
bear	クマ
beautiful	美しい
bed	ベッド
beef	牛肉
best	一番良い
bicycle	自転車
big	大きい
bird	鳥
birthday	誕生日
bitter	にがい
black	黒、黒い
blue	青、青い
body	体

book	本
bookstore	本屋
boots	ブーツ
bottle	びん、ボトル
box	箱
boy	男の子
brave	ゆうかんな
bread	パン
breakfast	朝食
bridge	橋
brother	兄弟
brown	茶色、茶色い
brush	みがく
building	ビル
bus driver	バス運転手
bus stop	バス停
busy	いそがしい
buy	買う
by	～のそばに、～によって

C

▶▶▶▶▶ 61

cake	ケーキ
calendar	カレンダー
camera	カメラ
can	缶
can	～することができる
candy	キャンディー
cap	ぼうし[ふちがない]
car	車、自動車
cat	ネコ
chair	イス
change	変える
check	確認(かくにん)する
cheese	チーズ
chicken	とり肉
chocolate	チョコレート
chopsticks	おはし
city	市
class	クラス、授業
classmate	クラスメイト
classroom	教室
clean	きれいな
clock	置き時計
clothes	服
cloudy	くもりの
coach	コーチ
coat	コート
coin	コイン
cola	コーラ
cold	冷たい、寒い
color	色
comics	マンガ
computer	コンピューター
convenience store	コンビニ
cook	料理する

cool	かっこいい
country	国
cow	ウシ
cup	コップ
curry	カレー
curtain	カーテン
cute	かわいい

D

dance	おどる
date	日付
daughter	むすめ
day	日
December	12月
delicious	おいしい
dentist	歯医者
department store	デパート
desk	つくえ
dictionary	辞書
different	ちがう
difficult	むずかしい
dinner	夕食
dish	皿
do	する
doctor	医者
dog	犬
doll	人形
dollar	ドル［お金］
dolphin	イルカ
door	ドア
down	下に
drama	劇（げき）、ドラマ
draw	かく［絵や図を］
dream	ゆめ
drink	飲む
driver	運転手
drug store	薬屋
drum	たいこ
duck	アヒル

E

▶▶▶▶▶ 62

ear	耳
early	早い
easy	かんたんな
eat	食べる
egg	たまご
eight	8
eighteen	18
eighty	80
elementary school	小学校
elephant	ゾウ
eleven	11
English	英語
enjoy	楽しむ
envelope	ふうとう
eraser	消しゴム

evening	晩(ばん)、夜
event	行事
every day	毎日
everyone	みんな
exciting	わくわくさせる
eye	目

F

face	顔
fall	秋 ※autumn（P.132）も「秋」
family	家族
famous	有名な
farmer	農家
fast	速い
father	お父さん
favorite	お気に入りの
February	2月
festival	祭り
fifteen	15
fifty	50
fine	元気な
finger	ゆび
firefighter	消防士(しょうぼうし)
first	1番目
fish	魚
five	5
flower	花
food	食べ物
for	～のために
fork	フォーク
forty	40
four	4
fourteen	14
fox	キツネ
Friday	金曜日
friend	友だち
friendly	友好(ゆうこう)的な
frog	カエル
from	～から
fruit	くだもの
fun	楽しみ
funny	おかしい
furniture	家具
future	未来

G

game	ゲーム、試合
garbage	ゴミ
garden	庭
get	得る
girl	少女
glasses	めがね
gloves	手袋
go	行く
gold	金、金色の
good	良い

gorilla	ゴリラ
grandfather	おじいさん
grandmother	おばあさん
grape	ぶどう
great	すばらしい
green	緑、緑色の
guitar	ギター
gym	体育館

H

▶▶▶▶▶ 63

half	半分
hand	手
happy	しあわせな
hard	一生懸命（いっしょうけんめい）に
hard	かたい
hat	ぼうし[ふちがある]
have	持つ
he	かれ（は、が）
head	頭
heart	心臓（しんぞう）、心
heavy	重い
help	助ける
her	かのじょに、かのじょの
here	ここに
him	かれに
holiday	休日
homework	宿題
horse	馬
hospital	病院
hot	暑い
hot water	お湯
hour	時間
house	家
how	どう、どのように、どれくらい
hundred	100
hungry	おなかがすいた

I

I	わたし（は、が）
ice	氷
ice cream	アイスクリーム
in	～の中に
interesting	おもしろい
island	島
it	それ

J

jacket	ジャケット
January	1月
Japan	日本
Japanese	日本人
jeans	ジーンズ
job	仕事
join	参加する
juice	ジュース
July	7月
jump	飛ぶ

June	6月

K

key	カギ
kind	親切な
king	王、王様
kitchen	台所、キッチン
knee	ひざ
knife	ナイフ
know	知っている

L

▶▶▶▶▶ 64

lake	湖
large	大きい、広い
leave	去る、残す、置いて行く
left	左
leg	あし［全体］
lemon	レモン
lesson	授業
let's	～しよう
letter	手紙
library	図書館
life	生活
light	明かり、ライト、光
like	好む
line	線
lion	ライオン
listen	聞く
live	住む
living room	居間、リビングルーム
lock	カギをかける
long	長い
look	見る
luck	運
lunch	昼食

M

machine	機械
make	作る
many	多くの
map	地図
March	3月
mask	マスク
math	算数
May	5月
me	わたしに
meet	会う
memory	きおく
milk	牛乳
mirror	鏡
miso soup	みそ汁
Monday	月曜日
money	お金
monkey	サル
month	月［時間］
moon	月
morning	朝

mother	お母さん
mountain	山
mouse	ネズミ
mouth	口
movie	映画
much	たくさん [数えられないもの]
museum	美術館
music	音楽
musician	音楽家
my	わたしの

N

name	名前
nature	自然
near	～の近くに
nervous	緊張している
never	一度も～ない
new	新しい
news	ニュース
newspaper	新聞
next to	～のとなりに
nice	すてきな、良い
night	夜
nine	9
nineteen	19
ninety	90
number	番号
no	いいえ
noon	正午、昼
nose	鼻
not	～でない
notebook	ノート
November	11月
now	今
number	数
nurse	看護師

O

▶▶▶▶▶ 65

October	10月
often	よく、たびたび
old	古い
older brother	兄
older sister	姉
on	～の上に
one	1
onion	たまねぎ
orange	みかん
our	わたしたちの
out	外に
over	～をこえて

P

painter	画家
pajamas	パジャマ
panda	パンダ
pants	ズボン
paper	紙

parents	両親
park	公園
party	パーティー
pay	はらう
peach	もも
peanut	ピーナッツ
pen	ペン
pencil	えんぴつ
penguin	ペンギン
people	人々
piano	ピアノ
picture	絵、写真
pig	ブタ
pilot	パイロット
pink	ピンク、ピンク色の
place	場所
play	する［スポーツを］、演奏(えんそう)する
player	選手
please	どうぞ
police officer	警察官(けいさつかん)
post office	郵便局
postcard	はがき
potato	ジャガイモ
practice	練習する
present	プレゼント
prince	王子
princess	王女
purple	むらさき色
put	置く

Q

queen	女王
question	質問(しつもん)、質問する
quiet	静かな

R

rabbit	ウサギ
rainy	雨降(ふ)りの
read	読む
reading	読書
really	本当に
red	赤、赤い
rice	ご飯、米
ride	乗る
right	右
river	川
road	道路
robot	ロボット
roof	屋根
room	部屋
ruler	じょうぎ
run	走る

S

▶▶▶▶▶ 66

sad	悲しい
safe	安全な
salad	サラダ

salt	塩
salty	塩からい、しょっぱい
same	同じ
sandwich	サンドイッチ
Saturday	土曜日
school	学校
science	科学
scientist	科学者
scissors	はさみ
sea	海
season	季節
second	2番目
see	見る、わかる
September	9月
seven	7
seventeen	17
seventy	70
she	かのじょ（は、が）
sheep	ヒツジ
shelf	たな
ship	船
shirt	シャツ
shoes	くつ
shop	店
shopping	買い物
short	短い
shoulder	かた
shower	シャワー
sick	病気の
silver	銀、銀色の
sing	歌う
singer	歌手
sister	姉妹
sit	座(すわ)る
six	6
sixteen	16
sixty	60
skate	スケートをする
ski	スキーをする
skirt	スカート
sky	空
sleep	ねむる
sleepy	ねむい
slippers	スリッパ
slow	ゆっくりした
small	小さい
smartphone	スマートフォン
smile	ほほえむ
snake	ヘビ
sneakers	スニーカー
snowy	雪の降(ふ)る
soccer	サッカー
socks	くつした
sofa	ソファー

soft	やわらかい
sometimes	ときどき
son	むすこ
song	歌
sorry	ごめんなさい、すみません
soup	スープ
sour	すっぱい
spaghetti	スパゲッティー
speak	話す
spell	つづる
spoon	スプーン
sport	スポーツ
spring	春
stamp	切手
stand	立つ
star	星
station	駅
stone	石
stop	止める、やめる
store	店
straight	まっすぐに
strawberry	イチゴ
street	通り
strong	強い
student	生徒
study	勉強する
subject	科目、題目
subway	地下鉄
sugar	砂糖
summer	夏
sun	太陽
Sunday	日曜日
sunny	晴れた
supermarket	スーパーマーケット
sweater	セーター
sweet	あまい
swim	泳ぐ
swimming	水泳

T

▶▶▶▶▶ 67

table	テーブル
take	取る、かかる [時間]
talk	話す
tall	(背が) 高い
taxi	タクシー
tea	お茶
teach	教える
teacher	先生
teammate	チームメイト
telephone	電話
television	テレビ
temple	寺
ten	10
tennis court	テニスコート
test	テスト

textbook	教科書	**too**	～もまた
thank	ありがたい	**tooth**	歯
that	あれ	**tower**	塔（とう）、タワー
the	その	**town**	街
their	かれらの	**toy**	おもちゃ
them	かれらに	**train**	電車
these	これら、これらの	**trash**	ゴミ
thick	厚い	**travel**	旅行
thin	うすい	**tree**	木
think	思う	**trip**	旅行
third	3番目	**trousers**	ズボン
thirsty	（のどが）かわく	**try**	試す
thirteen	13	**T-shirt**	Tシャツ
thirty	30	**Tuesday**	火曜日
this	これ、この	**turn**	曲がる、回る
those	それら、それらの	**twelve**	12
three	3	**twenty**	20
Thursday	木曜日	**two**	2
ticket	チケット	**typhoon**	台風
tiger	トラ	**U**	
time	時間、～回	**umbrella**	かさ
tired	つかれた	**under**	～の下の
to	～に/へ	**underwear**	下着
today	今日	**up**	上に
together	いっしょに	**us**	わたしたちに
toilet	トイレ	**use**	使う
tomato	トマト	**usually**	たいてい

V

68

vacation	休暇（きゅうか）
vegetable	野菜
very	とても、非常に
visit	訪（たず）ねる

W

walk	歩く
wall	かべ
want	ほしい
wash	洗（あら）う
watch	見る、うで時計
water	水
way	道、方法
we	わたしたち（は、が）
weak	弱い
wear	着る
weather	天気
Wednesday	水曜日
week	週
weekend	週末
welcome	歓迎（かんげい）する
well	よく、じょうずに
wet	ぬれた
whale	クジラ
what	何
when	いつ
where	どこに
white	白、白い
who	だれ
why	どうして
window	まど
winter	冬
with	～といっしょに
wolf	オオカミ
woman	女の人
wonderful	すばらしい
world	世界、地球
write	書く、手紙を書く

Y

year	年
yellow	黄色、黄色い
yen	円［お金］
yes	はい
yesterday	昨日
you	あなた（は、が）
young	若い
younger brother	弟
younger sister	妹
your	あなたの

Z

zoo	動物園

●監修者紹介
田地野　彰（Akira Tajino）
名古屋外国語大学教授。京都大学名誉教授。専門は、教育言語学・英語教育。言語学博士（Ph.D.）。「意味順」関連では、『「意味順」だからできる！ 絵と図でよくわかる小学生のための中学英文法入門』（Jリサーチ出版, 2020）、『「意味順」式 イラストと図解でパッとわかる英文法図鑑』（KADOKAWA, 2021）、『ドラえもんの英語おもしろ攻略―ひみつ道具で学ぶ英語のルール』（小学館, 2022）、『改訂版「意味順」式で中学英語をやり直す本』（KADOKAWA, 2023）、NHKテレビ語学番組Eテレ「基礎英語ミニ」（2012年度上半期）、「意味順ノート」（日本ノート）などの著者・監修者。NHKラジオテキスト『基礎英語1』（2013年度・2014年度）と『ラジオで！ カムカムエヴリバディ』（2021年度）にて連載を担当。

●著者紹介
中川　浩（Hiroshi Nakagawa）
近畿大学情報学部講師。専門は英語教育学。教育学博士(Ed.D.)。アメリカ・モンタナ州のCarroll大学を経て英語教授法の学位を取得。その後、アリゾナ州、カンザス州でアメリカ人を含む他国の学生に英語を教えるとともに、ESLプログラムを統括。Fort Hays State Universityで修士号取得、現地のESL教員養成プログラムの構築に関わる。約10年間アメリカにて英語教育を行ったのち、日本に帰国し大学教員となる。2017年にNorthcentral Universityで博士号取得。自身の異文化経験を背景に学習者一人一人の英語力を伸ばす授業や教材づくりを心がけている。「意味順」に関する著書としては、『「意味順」で学ぶ英会話』（日本能率協会マネジメントセンター出版, 2015）、『「意味順」だからできる! 小学生のための英文法ドリル1be動詞マスター』（Jリサーチ出版, 2019）、『「意味順」だからできる! 小学生のための英単語ドリル はじめの一歩1』（Jリサーチ出版, 2021）、『「意味順」だからできる！ 小学生のための英語総まとめドリル1　3・4年生』（Jリサーチ出版, 2022）などがある。
Twitter @Hironakagawaa

カバーデザイン・イラスト	有限会社ウエナカデザイン事務所
本文デザイン・DTP	アレピエ
本文イラスト	Tsuki／佐土原千恵子
校正	アレックス・ランソム／木村沙夜香
編集協力	山口晴代
音声録音・編集	一般財団法人英語教育協議会（ELEC）

「意味順」だからできる！ 小学生のための小学英語総復習ドリル

令和5年（2023年）3月10日　初版第1刷発行
令和6年（2024年）4月10日　　　第2刷発行

監修者	田地野彰
著　者	中川浩
発行人	福田富与
発行所	有限会社 Jリサーチ出版
	〒166-0002　東京都杉並区高円寺北2-29-14-705
	電　話 03(6808)8801(代)　FAX 03(5364)5310
	編集部 03(6808)8806
	https://www.jresearch.co.jp
	Twitter 公式アカウント @Jresearch_　https://twitter.com/Jresearch_
印刷所	シナノ パブリッシング プレス

ISBN 978-4-86392-587-8　禁無断転載。なお、乱丁・落丁はお取り替えいたします。

「意味順」だからできる！

小学生のための 小学英語総復習ドリル

別冊解答

「復習ドリル」の答え

まちがったところはしっかり覚えてね。

● 13 ページ

復習ドリル　日本語の文に合うように、ボックスに単語を入れて英語の文を作りましょう。　／6

① わたしは医者です。

だれが	する（です）	だれ・なに	どこ	いつ
I	am	a doctor.		

② ナツは女の子です。

だれが	する（です）	だれ・なに	どこ	いつ
Natsu	is	a girl.		

③ かのじょは歌手です。

だれが	する（です）	だれ・なに	どこ	いつ
She	is	a singer.		

④ かれはヒロシです。

だれが	する（です）	だれ・なに	どこ	いつ
He	is	Hiroshi.		

⑤ あなたは英語の先生です。

だれが	する（です）	だれ・なに	どこ	いつ
You	are	an English teacher.		

⑥ ツバサはサッカー選手です。

だれが	する（です）	だれ・なに	どこ	いつ
Tsubasa	is	a soccer player.		

答え合わせ＋声出し練習
- まちがったところがあったら、ボックスの下に正しい答えを書きましょう。
- 正しい英語の文の音声を聞いて、まねして声に出して言いましょう。

13

● 15 ページ

復習ドリル　日本語の文に合うように、ボックスに単語を入れて英語の文を作りましょう。　／6

① わたしたちは女の子です。

だれが	する（です）	だれ・なに	どこ	いつ
We	are	girls.		

② あなたたちはけいさつかんです。

だれが	する（です）	だれ・なに	どこ	いつ
You	are	police officers.		

③ かれらは男の子です。

だれが	する（です）	だれ・なに	どこ	いつ
They	are	boys.		

④ かのじょたちはダンサーです。

だれが	する（です）	だれ・なに	どこ	いつ
They	are	dancers.		

⑤ かれらはいとこです。

だれが	する（です）	だれ・なに	どこ	いつ
They	are	cousins.		

⑥ わたしたちは親友です。

だれが	する（です）	だれ・なに	どこ	いつ
We	are	best friends.		

答え合わせ＋声出し練習
- まちがったところがあったら、ボックスの下に正しい答えを書きましょう。
- 正しい英語の文の音声を聞いて、まねして声に出して言いましょう。

15

● 17 ページ

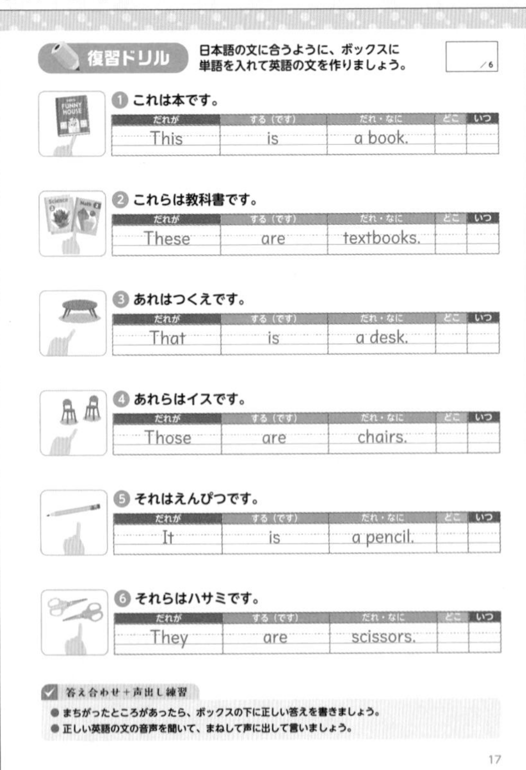

復習ドリル　日本語の文に合うように、ボックスに単語を入れて英語の文を作りましょう。　／6

① これは本です。

だれが	する（です）	だれ・なに	どこ	いつ
This	is	a book.		

② これらは教科書です。

だれが	する（です）	だれ・なに	どこ	いつ
These	are	textbooks.		

③ あれはつくえです。

だれが	する（です）	だれ・なに	どこ	いつ
That	is	a desk.		

④ あれらはイスです。

だれが	する（です）	だれ・なに	どこ	いつ
Those	are	chairs.		

⑤ それはえんぴつです。

だれが	する（です）	だれ・なに	どこ	いつ
It	is	a pencil.		

⑥ それらはハサミです。

だれが	する（です）	だれ・なに	どこ	いつ
They	are	scissors.		

答え合わせ＋声出し練習
- まちがったところがあったら、ボックスの下に正しい答えを書きましょう。
- 正しい英語の文の音声を聞いて、まねして声に出して言いましょう。

17

● 19 ページ

復習ドリル　日本語の文に合うように、ボックスに単語を入れて英語の文を作りましょう。　／6

① かのじょはわたしのお姉さんです。

だれが	する（です）	だれ・なに	どこ	いつ
She	is	my older sister.		

② かれはかれらのお父さんです。

だれが	する（です）	だれ・なに	どこ	いつ
He	is	their father.		

③ あなたの弟はサッカー選手です。

だれが	する（です）	だれ・なに	どこ	いつ
Your younger brother	is	a soccer player.		

④ これはわたしのスマートフォンです。

だれが	する（です）	だれ・なに	どこ	いつ
This	is	my smartphone.		

⑤ マイクはわたしたちの英語の先生です。

だれが	する（です）	だれ・なに	どこ	いつ
Mike	is	our English teacher.		

⑥ それはトモコの車です。

だれが	する（です）	だれ・なに	どこ	いつ
It	is	Tomoko's car.		

答え合わせ＋声出し練習
- まちがったところがあったら、ボックスの下に正しい答えを書きましょう。
- 正しい英語の文の音声を聞いて、まねして声に出して言いましょう。

19

● 21 ページ

復習ドリル　日本語の文に合うように、ボックスに単語を入れて英語の文を作りましょう。　／6

① ヒロシはねむいです。

だれが	する（です）	だれ・なに	どこ	いつ
Hiroshi	is	sleepy.		

② 冬は寒いです。

だれが	する（です）	だれ・なに	どこ	いつ
Winter	is	cold.		

③ このＴシャツは小さいです。

だれが	する（です）	だれ・なに	どこ	いつ
This T-shirt	is	small.		

④ あれは大きな犬です。

だれが	する（です）	だれ・なに	どこ	いつ
That	is	a big dog.		

⑤ わたしたちの先生はおもしろいです。

だれが	する（です）	だれ・なに	どこ	いつ
Our teacher	is	funny.		

⑥ かれのクラスメイトは元気です。

だれが	する（です）	だれ・なに	どこ	いつ
His classmates	are	fine.		

答え合わせ＋声出し練習
- まちがったところがあったら、ボックスの下に正しい答えを書きましょう。
- 正しい英語の文の音声を聞いて、まねして声に出して言いましょう。

21

● 25 ページ

復習ドリル　日本語の文に合うように、ボックスに単語を入れて英語の文を作りましょう。　／6

① ユウタは手紙を書きます。

だれが	する（です）	だれ・なに	どこ	いつ
Yuta	writes	a letter.		

sをつけるよ

② あなたは教科書を読みます。

だれが	する（です）	だれ・なに	どこ	いつ
You	read	a textbook.		

③ かれらはサッカーをします。

だれが	する（です）	だれ・なに	どこ	いつ
They	play	soccer.		

④ かのじょは音楽を聞きます。

だれが	する（です）	だれ・なに	どこ	いつ
She	listens to	music.		

sをつけるよ　「(音楽を) 聞く」は listen to ~を使うよ

⑤ わたしのネコはキャットフードを食べます。

だれが	する（です）	だれ・なに	どこ	いつ
My cat	eats	cat food.		

sをつけるよ

⑥ わたしはテレビを見ます。

だれが	する（です）	だれ・なに	どこ	いつ
I	watch	TV.		

答え合わせ＋声出し練習
- まちがったところがあったら、ボックスの下に正しい答えを書きましょう。
- 正しい英語の文の音声を聞いて、まねして声に出して言いましょう。

25

● 27 ページ

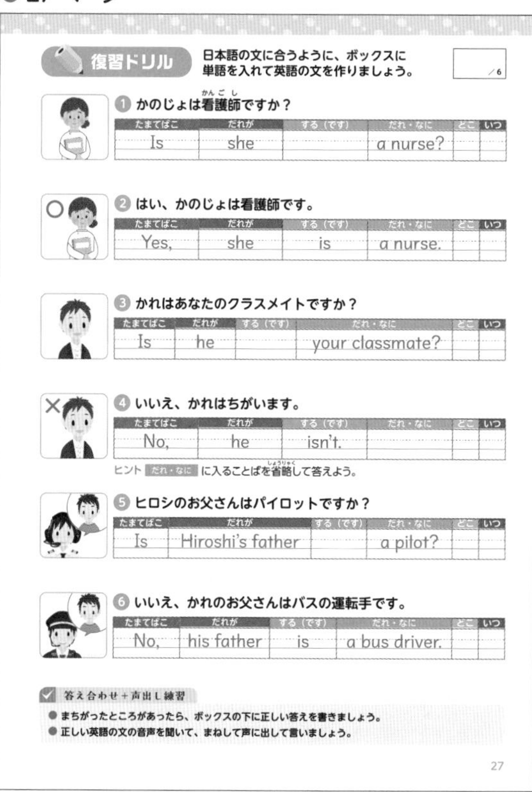

復習ドリル　日本語の文に合うように、ボックスに単語を入れて英語の文を作りましょう。　／6

① かのじょは看護師（かんごし）ですか？

たまてばこ	だれが	する（です）	だれ・なに	どこ	いつ
Is	she		a nurse?		

② はい、かのじょは看護師です。

たまてばこ	だれが	する（です）	だれ・なに	どこ	いつ
Yes,	she	is	a nurse.		

③ かれはあなたのクラスメイトですか？

たまてばこ	だれが	する（です）	だれ・なに	どこ	いつ
Is	he		your classmate?		

④ いいえ、かれはちがいます。

たまてばこ	だれが	する（です）	だれ・なに	どこ	いつ
No,	he	isn't.			

ヒント だれ・なに に入ることばを省略（しょうりゃく）して答えよう。

⑤ ヒロシのお父さんはパイロットですか？

たまてばこ	だれが	する（です）	だれ・なに	どこ	いつ
Is	Hiroshi's father		a pilot?		

⑥ いいえ、かれのお父さんはバスの運転手です。

たまてばこ	だれが	する（です）	だれ・なに	どこ	いつ
No,	his father	is	a bus driver.		

答え合わせ＋声出し練習
- まちがったところがあったら、ボックスの下に正しい答えを書きましょう。
- 正しい英語の文の音声を聞いて、まねして声に出して言いましょう。

27

● 29 ページ

復習ドリル　日本語の文に合うように、ボックスに単語を入れて英語の文を作りましょう。　／6

① あなたはお母さんを手伝いますか？

たまてばこ	だれが	する（です）	だれ・なに	どこ	いつ
Do	you	help	your mother?		

② はい、わたしはお母さんを手伝います。

たまてばこ	だれが	する（です）	だれ・なに	どこ	いつ
Yes,	I	help	my mother.		

③ かのじょは映画（えいが）を見ますか？

たまてばこ	だれが	する（です）	だれ・なに	どこ	いつ
Does	she	watch	movies?		

④ いいえ、かのじょは映画を見ません。

たまてばこ	だれが	する（です）	だれ・なに	どこ	いつ
No,	she	doesn't watch	movies.		

⑤ ヒロシはドアを開けますか？

たまてばこ	だれが	する（です）	だれ・なに	どこ	いつ
Does	Hiroshi	open	the door?		

⑥ いいえ、かれはドアを開けません。

たまてばこ	だれが	する（です）	だれ・なに	どこ	いつ
No,	he	doesn't open	the door.		

答え合わせ＋声出し練習
- まちがったところがあったら、ボックスの下に正しい答えを書きましょう。
- 正しい英語の文の音声を聞いて、まねして声に出して言いましょう。

29

● 31 ページ

復習ドリル 日本語の文に合うように、ボックスに単語を入れて英語の文を作りましょう。 ／6

❶ ヒロシの誕生日はいつですか？

たまてばこ	だれが	する（です）	だれ・なに	どこ	いつ
When is	Hiroshi's birthday?				

❷ かれの誕生日は８月２日です。

たまてばこ	だれが	する（です）	だれ・なに	どこ	いつ
His birthday	is				August 2nd.

❸ 英語のテストはいつですか？

たまてばこ	だれが	する（です）	だれ・なに	どこ	いつ
When is	the English test?				

❹ 英語のテストは７月です。

だれが	する（です）	だれ・なに	どこ	いつ
The English test	is			in July.

❺ 夏休みはいつですか？

たまてばこ	だれが	する（です）	だれ・なに	どこ	いつ
When is	summer break?				

❻ 夏休みは８月です。

だれが	する（です）	だれ・なに	どこ	いつ
Summer break	is			in August.

答え合わせ＋声出し練習
● まちがったところがあったら、ボックスの下に正しい答えを書きましょう。
● 正しい英語の文の音声を聞いて、まねして声に出して言いましょう。

31

● 33 ページ

復習ドリル 日本語の文に合うように、ボックスに単語を入れて英語の文を作りましょう。 ／6

❶ これらは何ですか？

たまてばこ	だれが	する（です）	だれ・なに	どこ	いつ
What are	these?				

❷ これらはみかんです。

だれが	する（です）	だれ・なに	どこ	いつ
These	are	oranges.		

❸ それは何ですか？

たまてばこ	だれが	する（です）	だれ・なに	どこ	いつ
What is	it?				

❹ それはすいかです。

だれが	する（です）	だれ・なに	どこ	いつ
It	is	a watermelon.		

❺ あれらは何ですか？

たまてばこ	だれが	する（です）	だれ・なに	どこ	いつ
What are	those?				

❻ あれらはぶどうです。

だれが	する（です）	だれ・なに	どこ	いつ
Those	are	grapes.		

答え合わせ＋声出し練習
● まちがったところがあったら、ボックスの下に正しい答えを書きましょう。
● 正しい英語の文の音声を聞いて、まねして声に出して言いましょう。

33

● 37 ページ

復習ドリル 日本語の文に合うように、ボックスに単語を入れて英語の文を作りましょう。 ／6

❶ 英語のテストはいつですか？

たまてばこ	だれが	する（です）	だれ・なに	どこ	いつ
When is	the English test?				

❷ 英語のテストは今週の月曜日です。

だれが	する（です）	だれ・なに	どこ	いつ
The English test	is			this Monday.

❸ 体育の授業は何曜日ですか？

たまてばこ	だれが	する（です）	だれ・なに	どこ	いつ
What day is	P.E. class?				

ヒント「体育」は、「Physical（体の）Education（教育）」を短くしたP.E.をよく使うよ。

❹ 毎週水曜日です。

だれが	する（です）	だれ・なに	どこ	いつ
It	is			every Wednesday.

❺ 夕食は何時ですか？

たまてばこ	だれが	する（です）	だれ・なに	どこ	いつ
What time is	dinner?				

❻ 夕食は午後６時からです。

たまてばこ	だれが	する（です）	だれ・なに	どこ	いつ
Dinner	is				from 6 p.m.

〜からは from を使うよ

答え合わせ＋声出し練習
● まちがったところがあったら、ボックスの下に正しい答えを書きましょう。
● 正しい英語の文の音声を聞いて、まねして声に出して言いましょう。

37

● 39 ページ

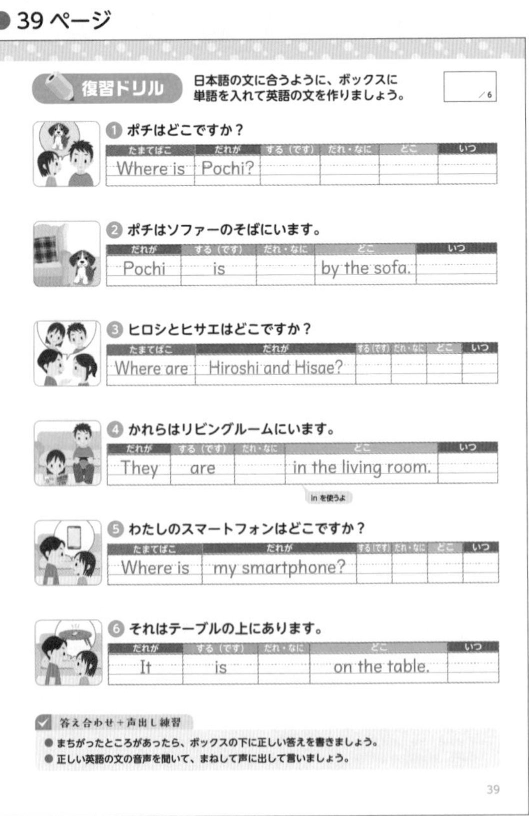

復習ドリル 日本語の文に合うように、ボックスに単語を入れて英語の文を作りましょう。 ／6

❶ ポチはどこですか？

たまてばこ	だれが	する（です）	だれ・なに	どこ	いつ
Where is	Pochi?				

❷ ポチはソファーのそばにいます。

だれが	する（です）	だれ・なに	どこ	いつ
Pochi	is		by the sofa.	

❸ ヒロシとヒサエはどこですか？

たまてばこ	だれが	する（です）	だれ・なに	どこ	いつ
Where are	Hiroshi and Hisae?				

❹ かれらはリビングルームにいます。

だれが	する（です）	だれ・なに	どこ	いつ
They	are		in the living room.	

in を使うよ

❺ わたしのスマートフォンはどこですか？

たまてばこ	だれが	する（です）	だれ・なに	どこ	いつ
Where is	my smartphone?				

❻ それはテーブルの上にあります。

だれが	する（です）	だれ・なに	どこ	いつ
It	is		on the table.	

答え合わせ＋声出し練習
● まちがったところがあったら、ボックスの下に正しい答えを書きましょう。
● 正しい英語の文の音声を聞いて、まねして声に出して言いましょう。

39

● 41 ページ

復習ドリル　日本語の文に合うように、ボックスに単語を入れて英語の文を作りましょう。　／6

❶ かれはだれですか？

たまてばこ	だれが	する（です）	だれ・なに	どこ	いつ
Who is	he?				

❷ かれはヒロシのお兄さんです。

だれが	する（です）	だれ・なに	どこ	いつ
He	is	Hiroshi's older brother.		

❸ かのじょはだれですか？

たまてばこ	だれが	する（です）	だれ・なに	どこ	いつ
Who is	she?				

❹ かのじょはわたしたちの国語の先生です。

だれが	する（です）	だれ・なに	どこ	いつ
She	is	our Japanese teacher.		

❺ この女の子はだれですか？

たまてばこ	だれが	する（です）	だれ・なに	どこ	いつ
Who is	this girl?				

❻ かのじょはケイコです。

だれが	する（です）	だれ・なに	どこ	いつ
She	is	Keiko.		

答え合わせ＋声出し練習
- まちがったところがあったら、ボックスの下に正しい答えを書きましょう。
- 正しい英語の文の音声を聞いて、まねして声に出して言いましょう。

41

● 43 ページ

復習ドリル　日本語の文に合うように、ボックスに単語を入れて英語の文を作りましょう。　／6

❶ どっちがトオルですか？

たまてばこ	だれが	する（です）	だれ・なに	どこ	いつ
Which is	Toru?				

❷ こっちがトオルです。

だれが	する（です）	だれ・なに	どこ	いつ
This	is	Toru.		

❸ どっちがかれらの家ですか？

たまてばこ	だれが	する（です）	だれ・なに	どこ	いつ
Which is	their house?				

❹ こっちがかれらの家です。

だれが	する（です）	だれ・なに	どこ	いつ
This	is	their house.		

❺ どっちがあなたのプレゼントですか？

たまてばこ	だれが	する（です）	だれ・なに	どこ	いつ
Which is	your present?				

❻ こっちがわたしのものです。

だれが	する（です）	だれ・なに	どこ	いつ
This	is	mine.		

答え合わせ＋声出し練習
- まちがったところがあったら、ボックスの下に正しい答えを書きましょう。
- 正しい英語の文の音声を聞いて、まねして声に出して言いましょう。

43

● 45 ページ

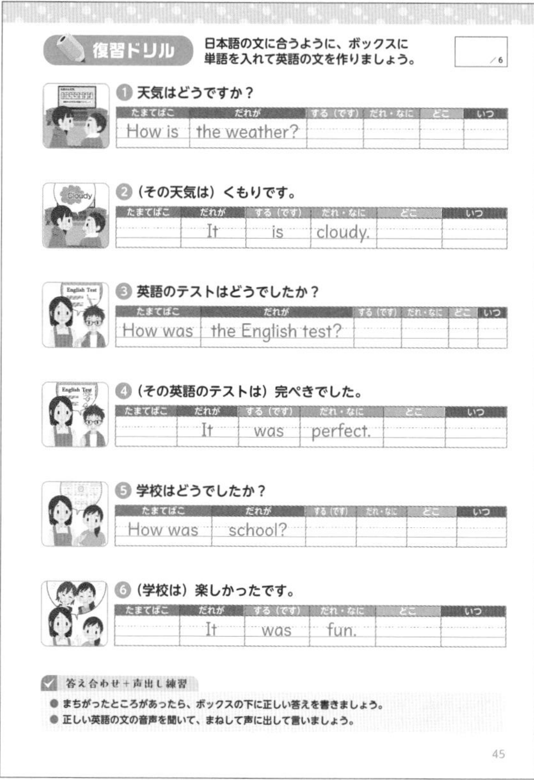

復習ドリル　日本語の文に合うように、ボックスに単語を入れて英語の文を作りましょう。　／6

❶ 天気はどうですか？

たまてばこ	だれが	する（です）	だれ・なに	どこ	いつ
How is	the weather?				

❷（その天気は）くもりです。

たまてばこ	だれが	する（です）	だれ・なに	どこ	いつ
	It	is	cloudy.		

❸ 英語のテストはどうでしたか？

たまてばこ	だれが	する（です）	だれ・なに	どこ	いつ
How was	the English test?				

❹（その英語のテストは）完ぺきでした。

たまてばこ	だれが	する（です）	だれ・なに	どこ	いつ
	It	was	perfect.		

❺ 学校はどうでしたか？

たまてばこ	だれが	する（です）	だれ・なに	どこ	いつ
How was	school?				

❻（学校は）楽しかったです。

たまてばこ	だれが	する（です）	だれ・なに	どこ	いつ
	It	was	fun.		

答え合わせ＋声出し練習
- まちがったところがあったら、ボックスの下に正しい答えを書きましょう。
- 正しい英語の文の音声を聞いて、まねして声に出して言いましょう。

45

● 51 ページ

復習ドリル　日本語の文に合うように、ボックスに単語を入れて英語の文を作りましょう。　／6

❶ わたしは朝6時に起きます。

だれが	する（です）	だれ・なに	どこ	いつ
I	wake up			at 6 a.m.

at を使うよ

❷ わたしは毎日お風呂（ふろ）に入ります。

だれが	する（です）	だれ・なに	どこ	いつ
I	take	a bath		every day.

❸ あなたの妹は宿題をしますか？

たまてばこ	だれが	する（です）	だれ・なに	どこ	いつ
Does	your younger sister	do	her homework?		

❹ いいえ、かのじょはビデオゲームで遊びます。

たまてばこ	だれが	する（です）	だれ・なに	どこ	いつ
No,	she	plays	video games.		

❺ わたしのお母さんはかのじょの友だちに電話をします。

だれが	する（です）	だれ・なに	どこ	いつ
My mother	calls	her friend.		

❻ わたしのお父さんは家の前で車を洗（あら）います。

だれが	する（です）	だれ・なに	どこ	いつ
My father	washes	his car	in front of the house.	

「〜の前で」は in front of を使うよ

答え合わせ＋声出し練習
- まちがったところがあったら、ボックスの下に正しい答えを書きましょう。
- 正しい英語の文の音声を聞いて、まねして声に出して言いましょう。

51

● 53 ページ

復習ドリル　日本語の文に合うように、ボックスに単語を入れて英語の文を作りましょう。　／6

① 郵便局は銀行のとなりです。

だれが	する（です）	だれ・なに	どこ	いつ
The post office	is		next to the bank.	

② わたしは空港へ行きます。

だれが	する（です）	だれ・なに	どこ	いつ
I	go		to the airport.	

③ わたしはバス停でバスを待ちます。

だれが	する（です）	だれ・なに	どこ	いつ
I	wait for	the bus	at the bus stop.	

④ かれらはショッピングモールでおもちゃを買います。

だれが	する（です）	だれ・なに	どこ	いつ
They	buy	toys	in the shopping mall.	

⑤ ヒサエは駅の近くにいますか？

たまてばこ	だれが	する（です）	だれ・なに	どこ	いつ
Is	Hisae			near the train station?	

⑥ いいえ、かのじょは本屋にいます。

たまてばこ	だれが	する（です）	だれ・なに	どこ	いつ
No,	she	is		in the bookstore.	

答え合わせ＋声出し練習
● まちがったところがあったら、ボックスの下に正しい答えを書きましょう。
● 正しい英語の文の音声を聞いて、まねして声に出して言いましょう。

53

● 55 ページ

復習ドリル　日本語の文に合うように、ボックスに単語を入れて英語の文を作りましょう。　／6

① サッカーの練習は土曜日です。

だれが	する（です）	だれ・なに	どこ	いつ
Soccer practice	is			on Saturdays.

「〜曜日に」は on を使うよ

② わたしは 6 時に起きません。

だれが	する（です）	だれ・なに	どこ	いつ
I	don't wake up			at 6 o'clock.

③ わたしたちは今週末に遊園地に行きます。

だれが	する（です）	だれ・なに	どこ	いつ
We	go to	an amusement park		this weekend.

「今週末」には前置詞はつかないよ

④ アキラは 3 時まで公園でサッカーをしますか？

たまてばこ	だれが	する（です）	だれ・なに	どこ	いつ
Does	Akira	play	soccer	in the park	until 3 o'clock?

「〜時まで」は until を使うよ

⑤ いいえ、かれは 2 時から買い物に行きます。

たまてばこ	だれが	する（です）	だれ・なに	どこ	いつ
No,	he	goes	shopping		from 2 o'clock.

⑥ ヒロシとヒサエは冬にスノーボードに行きます。

だれが	する（です）	だれ・なに	どこ	いつ
Hiroshi and Hisae	go	snowboarding		in winter.

季節には in を使うよ

答え合わせ＋声出し練習
● まちがったところがあったら、ボックスの下に正しい答えを書きましょう。
● 正しい英語の文の音声を聞いて、まねして声に出して言いましょう。

55

● 57 ページ

復習ドリル　日本語の文に合うように、ボックスに単語を入れて英語の文を作りましょう。　／6

① あなたは野菜が好きですか？

たまてばこ	だれが	する（です）	だれ・なに	どこ	いつ
Do	you	like	vegetables?		

② いいえ、わたしはたまねぎが好きではありません。

たまてばこ	だれが	する（です）	だれ・なに	どこ	いつ
No,	I	don't like	onions.		

③ マイはくだものが好きですか？

たまてばこ	だれが	する（です）	だれ・なに	どこ	いつ
Does	Mai	like	fruit?		

④ はい、かのじょはももが好きです。

たまてばこ	だれが	する（です）	だれ・なに	どこ	いつ
Yes,	she	likes	peaches.		

⑤ トムはグレープジュースがほしいです。

だれが	する（です）	だれ・なに	どこ	いつ
Tom	wants	grape juice.		

⑥ かれらはサラダがほしいです。

だれが	する（です）	だれ・なに	どこ	いつ
They	want	a salad.		

答え合わせ＋声出し練習
● まちがったところがあったら、ボックスの下に正しい答えを書きましょう。
● 正しい英語の文の音声を聞いて、まねして声に出して言いましょう。

57

● 59 ページ

復習ドリル　日本語の文に合うように、ボックスに単語を入れて英語の文を作りましょう。　／6

① かれは辞書を持っていません。

だれが	する（です）	だれ・なに	どこ	いつ
He	doesn't have	a dictionary.		

② あなたはわたしの財布を持っていますか？

たまてばこ	だれが	する（です）	だれ・なに	どこ	いつ
Do	you	have	my wallet?		

③ いいえ、わたしはあなたの財布を持っていません。

たまてばこ	だれが	する（です）	だれ・なに	どこ	いつ
No,	I	don't have	your wallet.		

④ わたしのお姉さんはかわいいぼうしを持っています。

だれが	する（です）	だれ・なに	どこ	いつ
My older sister	has	a cute hat.		

⑤ わたしのおじいさんは腕時計を 3 つ持っています。

だれが	する（です）	だれ・なに	どこ	いつ
My grandfather	has	3 watches.		

⑥ あなたはハンカチを持っていますか？

たまてばこ	だれが	する（です）	だれ・なに	どこ	いつ
Do	you	have	a handkerchief?		

答え合わせ＋声出し練習
● まちがったところがあったら、ボックスの下に正しい答えを書きましょう。
● 正しい英語の文の音声を聞いて、まねして声に出して言いましょう。

59

● 63 ページ

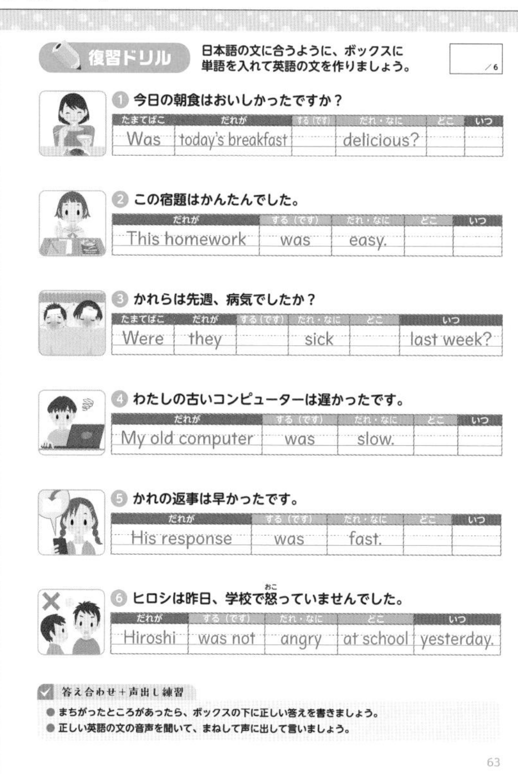

復習ドリル 日本語の文に合うように、ボックスに単語を入れて英語の文を作りましょう。 ／6

1 今日の朝食はおいしかったですか？

たまてばこ	だれが	する（です）	だれ・なに	どこ	いつ
Was	today's breakfast		delicious?		

2 この宿題はかんたんでした。

だれが	する（です）	だれ・なに	どこ	いつ
This homework	was	easy.		

3 かれらは先週、病気でしたか？

たまてばこ	だれが	する（です）	だれ・なに	どこ	いつ
Were	they		sick		last week?

4 わたしの古いコンピューターは遅かったです。

だれが	する（です）	だれ・なに	どこ	いつ
My old computer	was	slow.		

5 かれの返事は早かったです。

だれが	する（です）	だれ・なに	どこ	いつ
His response	was	fast.		

6 ヒロシは昨日、学校で怒っていませんでした。

だれが	する（です）	だれ・なに	どこ	いつ
Hiroshi	was not	angry	at school	yesterday.

答え合わせ＋声出し練習
- まちがったところがあったら、ボックスの下に正しい答えを書きましょう。
- 正しい英語の文の音声を聞いて、まねして声に出して言いましょう。

63

● 65 ページ

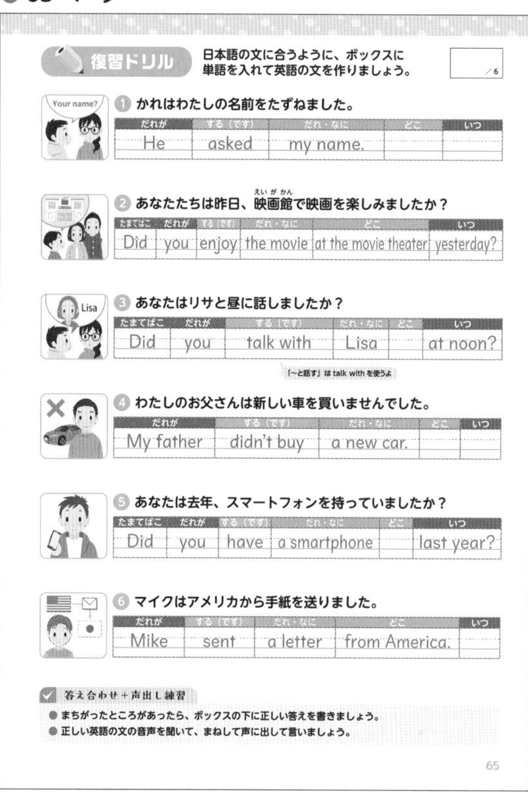

復習ドリル 日本語の文に合うように、ボックスに単語を入れて英語の文を作りましょう。 ／6

1 かれはわたしの名前をたずねました。

だれが	する（です）	だれ・なに	どこ	いつ
He	asked	my name.		

2 あなたたちは昨日、映画館で映画を楽しみましたか？

たまてばこ	だれが	する（です）	だれ・なに	どこ	いつ
Did	you	enjoy	the movie	at the movie theater	yesterday?

3 あなたはリサと昼に話しましたか？

たまてばこ	だれが	する（です）	だれ・なに	どこ	いつ
Did	you	talk with	Lisa		at noon?

「〜と話す」は talk with を使うよ

4 わたしのお父さんは新しい車を買いませんでした。

だれが	する（です）	だれ・なに	どこ	いつ
My father	didn't buy	a new car.		

5 あなたは去年、スマートフォンを持っていましたか？

たまてばこ	だれが	する（です）	だれ・なに	どこ	いつ
Did	you	have	a smartphone		last year?

6 マイクはアメリカから手紙を送りました。

だれが	する（です）	だれ・なに	どこ	いつ
Mike	sent	a letter	from America.	

答え合わせ＋声出し練習
- まちがったところがあったら、ボックスの下に正しい答えを書きましょう。
- 正しい英語の文の音声を聞いて、まねして声に出して言いましょう。

65

● 67 ページ

復習ドリル 日本語の文に合うように、ボックスに単語を入れて英語の文を作りましょう。 ／6

1 あなたはいつ沖縄へ旅行に行きますか？

たまてばこ	だれが	する（です）	だれ・なに	どこ	いつ
When do	you	travel		to Okinawa?	

2 ヒサエは何時に電車に乗りますか？

たまてばこ	だれが	する（です）	だれ・なに	どこ	いつ
What time does	Hisae	take	a train?		

3 かのじょは10時に大阪から電車に乗ります。

だれが	する（です）	だれ・なに	どこ	いつ
She	takes	a train	from Osaka	at 10 o'clock.

4 あなたは何時に京都駅に着きますか？

たまてばこ	だれが	する（です）	だれ・なに	どこ	いつ
What time do	you	arrive		at Kyoto station?	

5 ヨシコは何時に家を出ますか？

たまてばこ	だれが	する（です）	だれ・なに	どこ	いつ
What time does	Yoshiko	leave	her house?		

6 ヒカルはいつ新しい家に引っ越しますか？

たまてばこ	だれが	する（です）	だれ・なに	どこ	いつ
When does	Hikaru	move		to the new house?	

答え合わせ＋声出し練習
- まちがったところがあったら、ボックスの下に正しい答えを書きましょう。
- 正しい英語の文の音声を聞いて、まねして声に出して言いましょう。

67

● 69 ページ

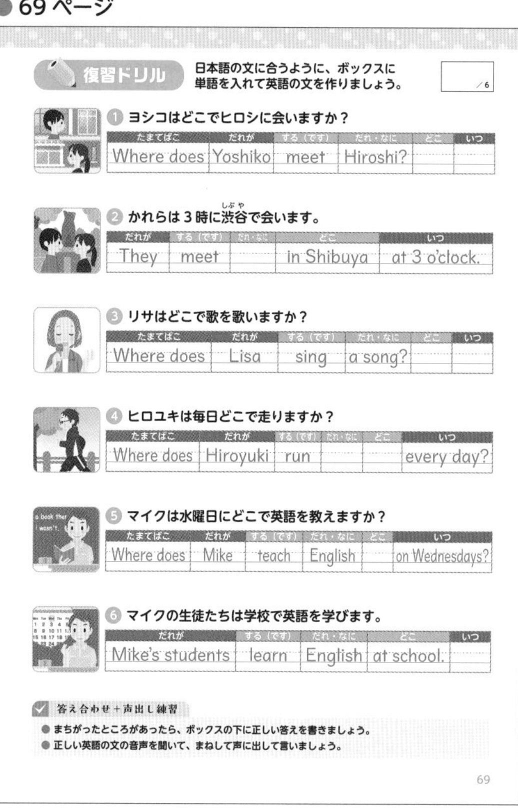

復習ドリル 日本語の文に合うように、ボックスに単語を入れて英語の文を作りましょう。 ／6

1 ヨシコはどこでヒロシに会いますか？

たまてばこ	だれが	する（です）	だれ・なに	どこ	いつ
Where does	Yoshiko	meet	Hiroshi?		

2 かれらは3時に渋谷で会います。

だれが	する（です）	だれ・なに	どこ	いつ
They	meet		in Shibuya	at 3 o'clock.

3 リサはどこで歌を歌いますか？

たまてばこ	だれが	する（です）	だれ・なに	どこ	いつ
Where does	Lisa	sing	a song?		

4 ヒロユキは毎日どこで走りますか？

たまてばこ	だれが	する（です）	だれ・なに	どこ	いつ
Where does	Hiroyuki	run			every day?

5 マイクは水曜日にどこで英語を教えますか？

たまてばこ	だれが	する（です）	だれ・なに	どこ	いつ
Where does	Mike	teach	English		on Wednesdays?

6 マイクの生徒たちは学校で英語を学びます。

だれが	する（です）	だれ・なに	どこ	いつ
Mike's students	learn	English	at school.	

答え合わせ＋声出し練習
- まちがったところがあったら、ボックスの下に正しい答えを書きましょう。
- 正しい英語の文の音声を聞いて、まねして声に出して言いましょう。

69

● 71 ページ

復習ドリル　日本語の文に合うように、ボックスに単語を入れて英語の文を作りましょう。　／6

1 だれがキッチンでサンドイッチを作りますか？

たまてばこ	だれが	する（です）	だれ・なに	どこ	いつ
Who		makes	sandwiches	in the kitchen?	

2 だれがレストランでお金をはらいますか？

たまてばこ	だれが	する（です）	だれ・なに	どこ	いつ
Who		pays	money	at the restaurant?	

3 ポチはだれが好きですか？

たまてばこ	だれが	する（です）	だれ・なに	どこ	いつ
Who does	Pochi	like?			

4 このグループの中でだれがナンシーを知っていますか？

たまてばこ	だれが	する（です）	だれ・なに	どこ	いつ
Who		knows	Nancy	in this group?	

5 だれが今日、魚を売りますか？

たまてばこ	だれが	する（です）	だれ・なに	どこ	いつ
Who		sells	fish		today?

6 だれがお風呂場をそうじしますか？

たまてばこ	だれが	する（です）	だれ・なに	どこ	いつ
Who		cleans	the bathroom?		

答え合わせ＋声出し練習
- まちがったところがあったら、ボックスの下に正しい答えを書きましょう。
- 正しい英語の文の音声を聞いて、まねして声に出して言いましょう。

71

● 75 ページ

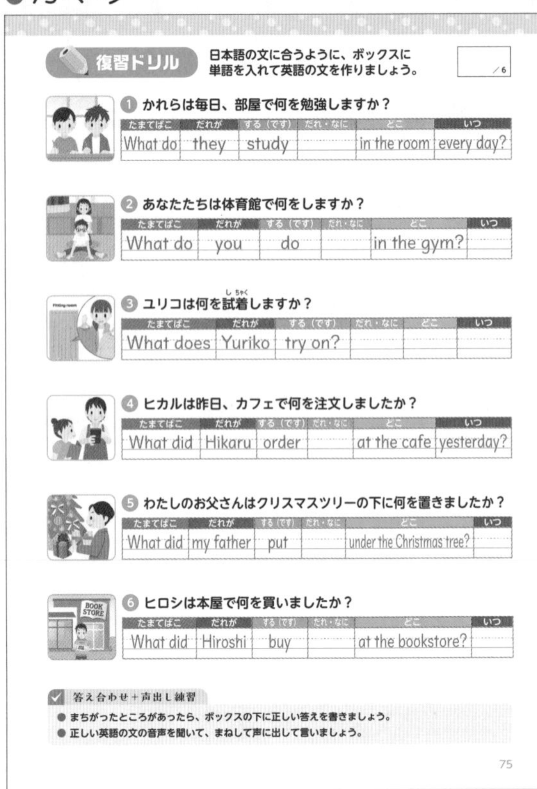

復習ドリル　日本語の文に合うように、ボックスに単語を入れて英語の文を作りましょう。　／6

1 かれらは毎日、部屋で何を勉強しますか？

たまてばこ	だれが	する（です）	だれ・なに	どこ	いつ
What do	they	study		in the room	every day?

2 あなたたちは体育館で何をしますか？

たまてばこ	だれが	する（です）	だれ・なに	どこ	いつ
What do	you	do		in the gym?	

3 ユリコは何を試着しますか？

たまてばこ	だれが	する（です）	だれ・なに	どこ	いつ
What does	Yuriko	try on?			

4 ヒカルは昨日、カフェで何を注文しましたか？

たまてばこ	だれが	する（です）	だれ・なに	どこ	いつ
What did	Hikaru	order		at the cafe	yesterday?

5 わたしのお父さんはクリスマスツリーの下に何を置きましたか？

たまてばこ	だれが	する（です）	だれ・なに	どこ	いつ
What did	my father	put		under the Christmas tree?	

6 ヒロシは本屋で何を買いましたか？

たまてばこ	だれが	する（です）	だれ・なに	どこ	いつ
What did	Hiroshi	buy		at the bookstore?	

答え合わせ＋声出し練習
- まちがったところがあったら、ボックスの下に正しい答えを書きましょう。
- 正しい英語の文の音声を聞いて、まねして声に出して言いましょう。

75

● 77 ページ

復習ドリル　日本語の文に合うように、ボックスに単語を入れて英語の文を作りましょう。　／6

1 ヒサエはなぜ京都に行きますか？

たまてばこ	だれが	する（です）	だれ・なに	どこ	いつ
Why does	Hisae	go		to Kyoto?	

2 あなたはなぜ、しんしつでスマートフォンを使いますか？

たまてばこ	だれが	する（です）	だれ・なに	どこ	いつ
Why do	you	use	a smartphone	in the bedroom?	

3 かれらはなぜ朝5時に起きましたか？

たまてばこ	だれが	する（です）	だれ・なに	どこ	いつ
Why did	they	wake up			at 5 a.m.?

4 ミカはなぜ今日、つかれていますか？

たまてばこ	だれが	する（です）	だれ・なに	どこ	いつ
Why is	Mika		tired		today?

5 あなたはなぜ犬が好きですか？

たまてばこ	だれが	する（です）	だれ・なに	どこ	いつ
Why do	you	like	dogs?		

6 なぜなら、犬はかしこいからです。

たまてばこ	だれが	する（です）	だれ・なに	どこ	いつ
Because	dogs	are	smart.		

答え合わせ＋声出し練習
- まちがったところがあったら、ボックスの下に正しい答えを書きましょう。
- 正しい英語の文の音声を聞いて、まねして声に出して言いましょう。

77

● 79 ページ

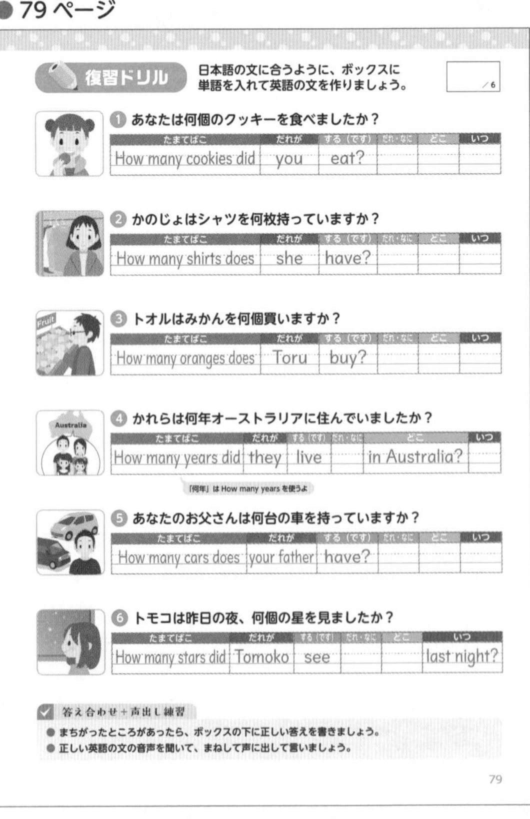

復習ドリル　日本語の文に合うように、ボックスに単語を入れて英語の文を作りましょう。　／6

1 あなたは何個のクッキーを食べましたか？

たまてばこ	だれが	する（です）	だれ・なに	どこ	いつ
How many cookies did	you	eat?			

2 かのじょはシャツを何枚持っていますか？

たまてばこ	だれが	する（です）	だれ・なに	どこ	いつ
How many shirts does	she	have?			

3 トオルはみかんを何個買いますか？

たまてばこ	だれが	する（です）	だれ・なに	どこ	いつ
How many oranges does	Toru	buy?			

4 かれらは何年オーストラリアに住んでいましたか？

たまてばこ	だれが	する（です）	だれ・なに	どこ	いつ
How many years did	they	live		in Australia?	

「何年」は How many years を使うよ

5 あなたのお父さんは何台の車を持っていますか？

たまてばこ	だれが	する（です）	だれ・なに	どこ	いつ
How many cars does	your father	have?			

6 トモコは昨日の夜、何個の星を見ましたか？

たまてばこ	だれが	する（です）	だれ・なに	どこ	いつ
How many stars did	Tomoko	see			last night?

答え合わせ＋声出し練習
- まちがったところがあったら、ボックスの下に正しい答えを書きましょう。
- 正しい英語の文の音声を聞いて、まねして声に出して言いましょう。

79

● 81 ページ

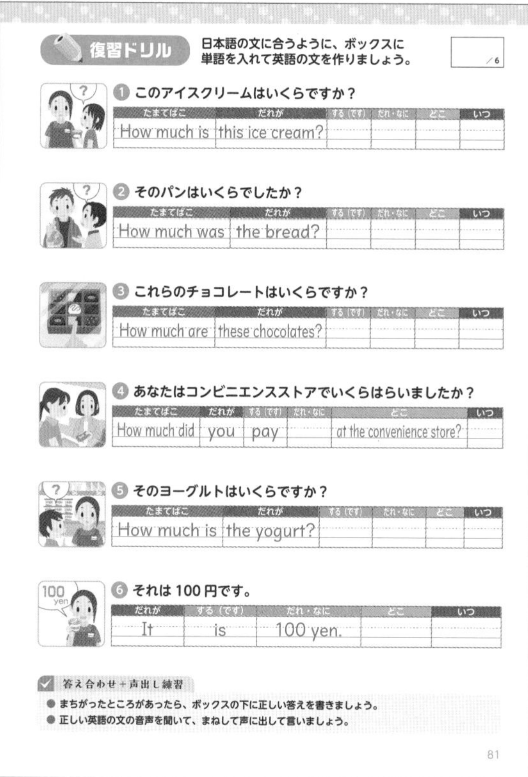

復習ドリル　日本語の文に合うように、ボックスに単語を入れて英語の文を作りましょう。　／6

❶ このアイスクリームはいくらですか？

たまてばこ	だれが	する（です）	だれ・なに	どこ	いつ
How much is	this ice cream?				

❷ そのパンはいくらでしたか？

たまてばこ	だれが	する（です）	だれ・なに	どこ	いつ
How much was	the bread?				

❸ これらのチョコレートはいくらですか？

たまてばこ	だれが	する（です）	だれ・なに	どこ	いつ
How much are	these chocolates?				

❹ あなたはコンビニエンスストアでいくらはらいましたか？

たまてばこ	だれが	する（です）	だれ・なに	どこ	いつ
How much did	you	pay		at the convenience store?	

❺ そのヨーグルトはいくらですか？

たまてばこ	だれが	する（です）	だれ・なに	どこ	いつ
How much is	the yogurt?				

❻ それは 100 円です。

だれが	する（です）	だれ・なに	どこ	いつ
It	is	100 yen.		

答え合わせ＋声出し練習
● まちがったところがあったら、ボックスの下に正しい答えを書きましょう。
● 正しい英語の文の音声を聞いて、まねして声に出して言いましょう。

81

● 83 ページ

復習ドリル　日本語の文に合うように、ボックスに単語を入れて英語の文を作りましょう。　／6

❶ あなたのお姉さんは何色が好きですか？

たまてばこ	だれが	する（です）	だれ・なに	どこ	いつ
What color does	your older sister	like?			

❷ かのじょは赤が好きです。

だれが	する（です）	だれ・なに	どこ	いつ
She	likes	red.		

❸ かれらは何のスポーツをしましたか？

たまてばこ	だれが	する（です）	だれ・なに	どこ	いつ
What sport did	they	play?			

❹ かれらは体育館でバスケットボールをしました。

だれが	する（です）	だれ・なに	どこ	いつ
They	played	basketball	in the gym.	

❺ わたしのお父さんは昨日、何の飲み物を飲みましたか？

たまてばこ	だれが	する（です）	だれ・なに	どこ	いつ
What drink did	my father	have			yesterday?

have は「飲む」という意味もあるよ

❻ かれは朝 7 時にコーヒーを飲みました。

だれが	する（です）	だれ・なに	どこ	いつ
He	had	coffee		at 7 a.m.

答え合わせ＋声出し練習
● まちがったところがあったら、ボックスの下に正しい答えを書きましょう。
● 正しい英語の文の音声を聞いて、まねして声に出して言いましょう。

83

● 89 ページ

復習ドリル　日本語の文に合うように、ボックスに単語を入れて英語の文を作りましょう。　／6

❶ ヒサエとヒロシは夕食後に歯をみがくでしょう。

だれが	する（です）	だれ・なに	どこ	いつ
Hisae and Hiroshi	will brush	their teeth		after dinner.

❷ かれらは 6 時に起きなければなりません。

だれが	する（です）	だれ・なに	どこ	いつ
They	must get up			at 6 o'clock.

❸ ユリコは車を運転することができます。

だれが	する（です）	だれ・なに	どこ	いつ
Yuriko	can drive	a car.		

❹ かのじょは今週末、友だちを訪問するつもりです。

だれが	する（です）	だれ・なに	どこ	いつ
She	will visit	her friend		this weekend.

❺ マイクは来年、日本に来るでしょう。

だれが	する（です）	だれ・なに	どこ	いつ
Mike	will come		to Japan	next year.

❻ かれは日本でたくさんの友だちをつくることができます。

だれが	する（です）	だれ・なに	どこ	いつ
He	can make	many friends	in Japan.	

答え合わせ＋声出し練習
● まちがったところがあったら、ボックスの下に正しい答えを書きましょう。
● 正しい英語の文の音声を聞いて、まねして声に出して言いましょう。

89

● 91 ページ

復習ドリル　日本語の文に合うように、ボックスに単語を入れて英語の文を作りましょう。　／6

❶ ヒロシはギターを弾くことができません。

だれが	する（です）	だれ・なに	どこ	いつ
Hiroshi	can't play	the guitar.		

❷ かれは来週末、ステージの上で歌を歌うつもりはありません。

だれが	する（です）	だれ・なに	どこ	いつ
He	won't sing	songs	on the stage	next weekend.

❸ あなたたちはこれらの楽器をさわってはいけません。

だれが	する（です）	だれ・なに	どこ	いつ
You	mustn't touch	these instruments.		

❹ わたしのお父さんは自分のトランペットを片づけるつもりはありません。

だれが	する（です）	だれ・なに	どこ	いつ
My father	won't put away	his trumpet.		

❺ あなたは楽譜を読むことができますか？

たまてばこ	だれが	する（です）	だれ・なに	どこ	いつ
Can	you	read	musical scores?		

❻ あなたは夜 8 時以降、バイオリンを弾いてはいけません。

だれが	する（です）	だれ・なに	どこ	いつ
You	mustn't play	the violin		after 8 p.m.

答え合わせ＋声出し練習
● まちがったところがあったら、ボックスの下に正しい答えを書きましょう。
● 正しい英語の文の音声を聞いて、まねして声に出して言いましょう。

91

● 93 ページ

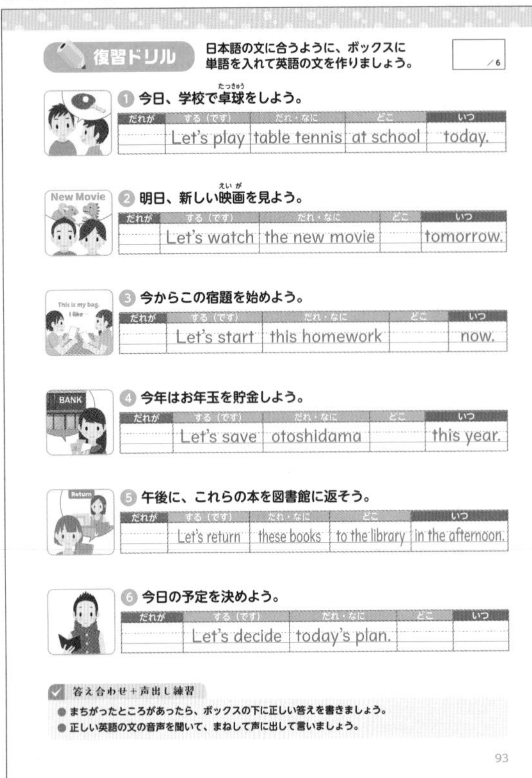

復習ドリル 日本語の文に合うように、ボックスに単語を入れて英語の文を作りましょう。 ／6

1 今日、学校で卓球をしよう。

だれが	する（です）	だれ・なに	どこ	いつ
	Let's play	table tennis	at school	today.

2 明日、新しい映画を見よう。

だれが	する（です）	だれ・なに	どこ	いつ
	Let's watch	the new movie		tomorrow.

3 今からこの宿題を始めよう。

だれが	する（です）	だれ・なに	どこ	いつ
	Let's start	this homework		now.

4 今年はお年玉を貯金しよう。

だれが	する（です）	だれ・なに	どこ	いつ
	Let's save	otoshidama		this year.

5 午後に、これらの本を図書館に返そう。

だれが	する（です）	だれ・なに	どこ	いつ
	Let's return	these books	to the library	in the afternoon.

6 今日の予定を決めよう。

だれが	する（です）	だれ・なに	どこ	いつ
	Let's decide	today's plan.		

答え合わせ＋声出し練習
● まちがったところがあったら、ボックスの下に正しい答えを書きましょう。
● 正しい英語の文の音声を聞いて、まねして声に出して言いましょう。

93

● 95 ページ

復習ドリル 日本語の文に合うように、ボックスに単語を入れて英語の文を作りましょう。 ／6

1 わたしは家で映画を見ることが好きです。

だれが	する（です）	だれ・なに	どこ	いつ
I	like	watching movies	at home.	

2 わたしは月をながめることが好きです。

だれが	する（です）	だれ・なに	どこ	いつ
I	like	seeing the moon.		

3 かのじょは花を買うことを提案しました。

だれが	する（です）	だれ・なに	どこ	いつ
She	suggested	buying the flowers.		

4 かれはしんしつで本を読むことが好きではありません。

だれが	する（です）	だれ・なに	どこ	いつ
He	doesn't like	reading books	in the bedroom.	

5 わたしのお姉さんはかみの毛を伸ばすことをやめました。

だれが	する（です）	だれ・なに	どこ	いつ
My older sister	stopped	growing her hair.		

6 わたしは毎日、クラシック音楽を聞くことを楽しみます。

だれが	する（です）	だれ・なに	どこ	いつ
I	enjoy	listening to classical music		every day.

答え合わせ＋声出し練習
● まちがったところがあったら、ボックスの下に正しい答えを書きましょう。
● 正しい英語の文の音声を聞いて、まねして声に出して言いましょう。

95

● 97 ページ

復習ドリル 日本語の文に合うように、ボックスに単語を入れて英語の文を作りましょう。 ／6

1 サッカーをすることは楽しいです。

だれが	する（です）	だれ・なに	どこ	いつ
Playing soccer	is	fun.		

2 ヒロシのしゅみはスケートボードをすることです。

だれが	する（です）	だれ・なに	どこ	いつ
Hiroshi's hobby	is	skateboarding.		

3 絵をかくことがヒサエのしゅみです。

だれが	する（です）	だれ・なに	どこ	いつ
Drawing pictures	is	Hisae's hobby.		

4 算数を学ぶことはむずかしいです。

だれが	する（です）	だれ・なに	どこ	いつ
Learning math	is	difficult.		

5 英語を勉強することはたいくつではありません。

だれが	する（です）	だれ・なに	どこ	いつ
Studying English	is not	boring.		

6 シートベルトをつけることは安全です。

だれが	する（です）	だれ・なに	どこ	いつ
Wearing a seatbelt	is	safe.		

答え合わせ＋声出し練習
● まちがったところがあったら、ボックスの下に正しい答えを書きましょう。
● 正しい英語の文の音声を聞いて、まねして声に出して言いましょう。

97

● 101 ページ

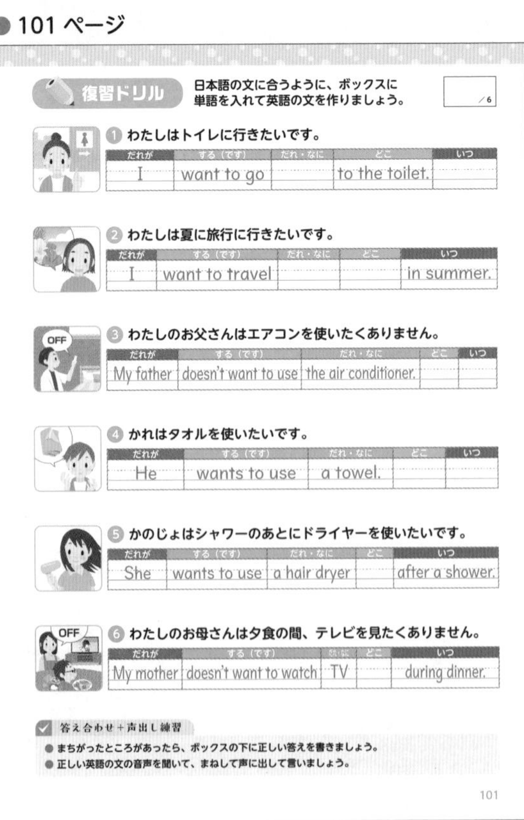

復習ドリル 日本語の文に合うように、ボックスに単語を入れて英語の文を作りましょう。 ／6

1 わたしはトイレに行きたいです。

だれが	する（です）	だれ・なに	どこ	いつ
I	want to go		to the toilet.	

2 わたしは夏に旅行に行きたいです。

だれが	する（です）	だれ・なに	どこ	いつ
I	want to travel			in summer.

3 わたしのお父さんはエアコンを使いたくありません。

だれが	する（です）	だれ・なに	どこ	いつ
My father	doesn't want to use	the air conditioner.		

4 かれはタオルを使いたいです。

だれが	する（です）	だれ・なに	どこ	いつ
He	wants to use	a towel.		

5 かのじょはシャワーのあとにドライヤーを使いたいです。

だれが	する（です）	だれ・なに	どこ	いつ
She	wants to use	a hair dryer		after a shower.

6 わたしのお母さんは夕食の間、テレビを見たくありません。

だれが	する（です）	なに	どこ	いつ
My mother	doesn't want to watch	TV		during dinner.

答え合わせ＋声出し練習
● まちがったところがあったら、ボックスの下に正しい答えを書きましょう。
● 正しい英語の文の音声を聞いて、まねして声に出して言いましょう。

101

● 103 ページ

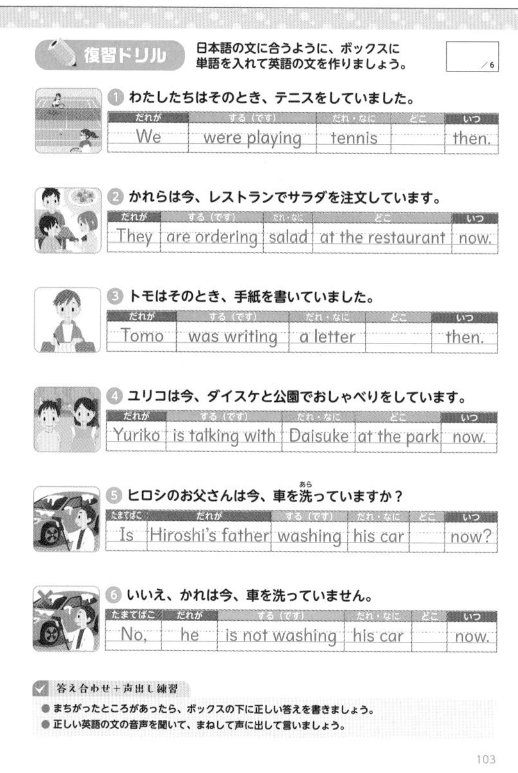

復習ドリル 日本語の文に合うように、ボックスに単語を入れて英語の文を作りましょう。　／6

1 わたしたちはそのとき、テニスをしていました。

だれが	する（です）	だれ・なに	どこ	いつ
We	were playing	tennis		then.

2 かれらは今、レストランでサラダを注文しています。

だれが	する（です）	だれ・なに	どこ	いつ
They	are ordering	salad	at the restaurant	now.

3 トモはそのとき、手紙を書いていました。

だれが	する（です）	だれ・なに	どこ	いつ
Tomo	was writing	a letter		then.

4 ユリコは今、ダイスケと公園でおしゃべりをしています。

だれが	する（です）	だれ・なに	どこ	いつ
Yuriko	is talking with	Daisuke	at the park	now.

5 ヒロシのお父さんは今、車を洗っていますか？

たまてばこ	だれが	する（です）	だれ・なに	どこ	いつ
Is	Hiroshi's father	washing	his car		now?

6 いいえ、かれは今、車を洗っていません。

たまてばこ	だれが	する（です）	だれ・なに	どこ	いつ
No,	he	is not washing	his car		now.

答え合わせ＋声出し練習
- まちがったところがあったら、ボックスの下に正しい答えを書きましょう。
- 正しい英語の文の音声を聞いて、まねして声に出して言いましょう。

103

● 105 ページ

復習ドリル 日本語の文に合うように、ボックスに単語を入れて英語の文を作りましょう。　／6

1 映画館の中では静かにしなさい。

だれが	する（です）	だれ・なに	どこ	いつ
	Be	quiet	in the movie theater.	

2 正直になりなさい。

だれが	する（です）	だれ・なに	どこ	いつ
	Be	honest.		

3 このかばんをあなたの部屋に持っていきなさい。

だれが	する（です）	だれ・なに	どこ	いつ
	Bring	this bag	to your room.	

4 そのゴミを捨ててください。

だれが	する（です）	だれ・なに	どこ	いつ
	Throw away	the trash.		

5 （どうぞ）わたしたちの新しいクラスメイトを歓迎してください。

たまてばこ	だれが	する（です）	だれ・なに	どこ	いつ
Please		welcome	our new classmate.		

6 （どうぞ）お立ちください。

たまてばこ	だれが	する（です）	だれ・なに	どこ	いつ
Please		stand up.			

答え合わせ＋声出し練習
- まちがったところがあったら、ボックスの下に正しい答えを書きましょう。
- 正しい英語の文の音声を聞いて、まねして声に出して言いましょう。

105

● 107 ページ

復習ドリル 日本語の文に合うように、ボックスに単語を入れて英語の文を作りましょう。　／6

1 心配してはいけません。

だれが	する（です）	だれ・なに	どこ	いつ
	Don't worry.			

2 ろうかで走ってはいけません。

だれが	する（です）	だれ・なに	どこ	いつ
	Don't run		in the hallway.	

in を使うよ

3 ここで泳いではいけません。

だれが	する（です）	だれ・なに	どこ	いつ
	Don't swim		here.	

4 （どうか）悲しまないでください。

たまてばこ	だれが	する（です）	だれ・なに	どこ	いつ
Please		don't be	sad.		

5 （どうか）電車の中でさわがないでください。

たまてばこ	だれが	する（です）	だれ・なに	どこ	いつ
Please		don't be	loud/noisy	in the train.	

6 （どうか）わたしの家の前にあなたの車をとめないでください。

たまてばこ	だれが	する（です）	だれ・なに	どこ	いつ
Please		don't park	your car	in front of my house.	

答え合わせ＋声出し練習
- まちがったところがあったら、ボックスの下に正しい答えを書きましょう。
- 正しい英語の文の音声を聞いて、まねして声に出して言いましょう。

107

「フレーズのまとめ」の答え まちがったところはしっかり覚えてね。

●フレーズのまとめ①（47 ページ）

会話にチャレンジ 次の日本語の文を英語の文で書いてみよう。

❶ アイコ：こんばんは。元気ですか？

Aiko: Good evening. How are you?

マイク：こんばんは。元気ですよ。

Mike: Good evening. I'm fine.

❷ アイコ：ありがとう。

Aiko: Thank you.

友だち：どういたしまして。

Her friend: You're welcome.

●フレーズのまとめ②（85 ページ）

会話にチャレンジ 次の日本語の文を英語の文で書いてみよう。

❶ 男の人：すみません。駅はどこですか？

Man: Excuse me. Where is the station?

アイコ：あそこです。

Aiko: Over there.

❷ ヒロシ：グラスをお願いします。

Hiroshi: A glass, please.

かれのおばさん：はい、どうぞ。

His aunt: Here you are.

●フレーズのまとめ③（109 ページ）

会話にチャレンジ 次の日本語の文を英語の文で書いてみよう。

❶ アイコ：ごめん。

Aiko: I'm sorry.

マイク：気にするなよ。

Mike: Don't worry.

❷ ヒロシ：昨日、サッカー場でケンに会ったよ。

Hiroshi: I met Ken at the soccer ground yesterday.

アイコ：本当？

Aiko: Really?

「まとめのテスト」の答え　まちがったところはしっかり覚えてね。

●まとめのテスト①（112～113ページ）

まとめのテスト1 51

次の日本語のことばを英語にしてください。（各1点×10＝10点）

❶ 女の子　girl
❷ 生徒　student
❸ 医者　doctor
❹ 友だち　friend
❺ はさみ　scissors
❻ チームメイト　teammate
❼ けいさつかん　police officer
❽ いそがしい　busy
❾ 大きいつくえ　big desk
❿ 小さいイス　small chair

112

点数合計　／30

次の日本語の文を英語の文にしてください。（各2点×10＝20点）

❶ わたしは生徒です。
I am a student .

❷ かれはわたしのクラスメイトです。
He is my classmate .

❸ かのじょは英語の先生です。
She is an English teacher .

❹ わたしたちはいとこです。
We are cousins .

❺ これはわたしの教科書です。
This is my textbook .

❻ それらはかれのはさみです。
Those are his scissors .

❼ あなたのお父さんはパイロットです。
Your father is a pilot .

❽ わたしのつくえは小さいです。
My desk is small .

❾ わたしたちは夕食を食べます。
We eat dinner .

❿ マイクは英語を話します。
Mike speaks English .

113

●まとめのテスト②（114～115ページ）

まとめのテスト2 52

次の日本語のことばを英語にしてください。（各1点×10＝10点）

❶ 春　spring
❷ 夏　summer
❸ 秋　fall
❹ 冬　winter
❺ 朝食　breakfast
❻ 昼食　lunch
❼ 夕食　dinner
❽ わたしたちの教室　our classroom
❾ あなたのくつ　your shoes
❿ わたしのお母さんの車　my mother's car

114

点数合計　／30

次の日本語の文を英語の文にしてください。（各2点×10＝20点）

❶ 夏は暑いです。
Summer is hot .

❷ それはわたしのスマートフォンです。
It is my smartphone .

❸ これらはわたしのえんぴつです。
These are my pencils .

❹ あの犬は大きいです。
That dog is big .

❺ わたしのネコはソファーの上でねます。
My cat sleeps on the sofa .

❻ わたしたちは教室で教科書を読みます。
We read the textbook in the classroom .

❼ それらはあなたのイヤフォンですか？　いいえ、これらはヒサエのイヤフォンです。
Are those your earphones ?
No, these are Hisae's earphones .

❽ ヒロシは先生ですか？　いいえ、かれはわたしのクラスメイトです。
Is Hiroshi a teacher ? No, he is my classmate .

❾ あなたは車を運転しますか？　はい、わたしは毎日、車を運転します。
Do you drive a car ?
Yes, I drive a car every day .

❿ かのじょはテレビを見ますか？　いいえ、かのじょはテレビを見ません。
Does she watch TV ?
No, she doesn't watch TV .

115

●まとめのテスト③（116～117ページ）

まとめのテスト3 (53)

点数合計　／30

次の日本語のことばを英語にしてください。（各1点×10＝10点）

❶ ～で（～の中で）　in

❷ ～の上で　on

❸ わたしの家から　from my house

❹ 駅まで　to the station

❺ 若い先生　young teacher

❻ 新しい選手　new player

❼ かわいい女の子　cute girl

❽ わたしのもの　mine

❾ あなたのもの　yours

❿ かれらのもの、かのじょらのもの　theirs

次の日本語の文を英語の文にしてください。（各2点×10＝20点）

❶ りんごとみかんが1つずつテーブルの上にあります。
An apple and an orange are on the table .

❷ わたしのネコはベッドの近くにいます。
My cat is near the bed .

❸ わたしたちの昼食は1時からです。
Our lunch is from 1 o'clock .

❹ わたしたちはすいかを食べます。
We eat watermelons .

❺ わたしは図書館から家に帰ります。
I go home from the library .

❻ これは何ですか？
What is this ?

❼ あなたの誕生日はいつですか？　わたしの誕生日は5月1日です。
When is your birthday ?
My birthday is May 1st .

❽ ポチはどこにいますか？　ポチはテーブルのそばにいます。
Where is Pochi ? Pochi is by the table .

❾ あの背の高い男の子はだれですか？　あれはヒロシのお兄さんです。
Who is that tall boy ?
That is Hiroshi's older brother .

❿ あなたのくつはどれですか？　これらがわたしのものです。
Which are your shoes ? These are mine .

116　117

●まとめのテスト④（118～119ページ）

まとめのテスト4 (54)

点数合計　／30

次の日本語のことばを英語にしてください。（各1点×10＝10点）

❶ ～と話す、おしゃべりする　talk with

❷ 来る　come

❸ 学ぶ、習う　learn

❹ 会う　meet

❺ 提案する　suggest

❻ 気をつける、用心深い（状態）　careful

❼ 静かな（状態）　quiet

❽ 正直な（状態）　honest

❾ おいしいくだもの　delicious fruits

❿ むずかしい教科書　difficult textbook

次の日本語の文を英語の文にしてください。（各2点×10＝20点）

❶ ヒロシは英語を話すことができます。
Hiroshi can speak English .

❷ わたしたちは今週末、大阪に行くつもりです。
We will go to Osaka this weekend .

❸ わたしたちは沖縄に旅行に行きたいです。
We want to travel to Okinawa .

❹ ヒロシは野菜を食べたくありません。
Hiroshi doesn't want to eat vegetables .

❺ わたしは昨日、ユリコと話しました。
I talked with Yuriko yesterday .

❻ かのじょたちは何時にバスに乗りますか？　かのじょたちは午後3時にバスに乗ります。
What time do they take a bus ?
They take a bus at 3 p.m.

❼ ヒロシはどこで英語を勉強しますか？　かれは自分の部屋で勉強します。
Where does Hiroshi study English ? He studies in his room .

❽ 今日の授業はどうでしたか？　今日の授業はたいくつでした。
How was today's class ? Today's class was boring .

❾ だれが夕食後にお皿を洗いますか？　ヒロシとヒサエが夕食後にお皿を洗います。
Who washes dishes after dinner ?
Hiroshi and Hisae wash dishes after dinner .

❿ あなたは毎朝、何をしますか？　わたしは8時に新宿駅から電車に乗ります。
What do you do every morning ?
I take a train from Shinjuku station at 8 o'clock .

118　119

●まとめのテスト⑤（120～121ページ）

まとめのテスト5 55

次の日本語のことばを英語にしてください。（各1点×10＝10点）

❶ はずかしい（状態） shy
❷ ろうか hallway
❸ シートベルト seatbelt
❹ トイレ toilet
❺ シャワー shower
❻ 集める collect
❼ 決定する decide
❽ 訪問する visit
❾ お金をためる save money
❿ 捨てる throw away

点数合計 ／30

次の日本語の文を英語の文にしてください。（各2点×10＝20点）

❶ ソファーの上で食べてはいけません。
Don't eat on the sofa .

❷ どうぞわたしのペンを使ってください。
Please use my pen .

❸ わたしはベッドの上でマンガを読むことが好きです。
I like reading comic books on the bed .

❹ あなたはピアノを弾くことができますか？
Can you play the piano ?

❺ わたしの先生は本を読むことを提案しました。
My teacher suggested reading books .

❻ 英語を話すことは楽しいです。
Speaking English is fun .

❼ わたしたちのしゅみはキャンプをすることです。
Our hobby is camping .

❽ 昨日、あなたは何を食べましたか？ サラダを食べました。
What did you eat yesterday ? I ate a salad .

❾ なぜ、わたしのお父さんは朝9時までねましたか？ なぜなら、つかれていたからです。
Why did my father sleep until 9 a.m. ?
Because he was tired .

❿ かれらは今、何を勉強していますか？ 教室で算数を勉強しています。
What are they studying now ?
They are studying math in the classroom .

中学英語の予習　「復習ドリル」の答え

まちがったところはしっかり覚えてね。

● 125 ページ

復習ドリル　日本語の文に合うように、ボックスに単語を入れて英語の文を作りましょう。　／4

① あなたは毎日、バスと電車に乗ります。

だれが	する（です）	だれ・なに	どこ	いつ
You	take	a train and a bus		every day.

② トオルは午後2時と4時に牛乳を飲みます。

だれが	する（です）	だれ・なに	どこ	いつ
Toru	drinks	milk		at 2 and 4 p.m.

③ 本屋は銀行の向かいにあり、（そして）銀行は郵便局のとなりにあります。

たまてばこ	だれが	する（です）	だれ・なに	どこ	いつ
	The bookstore	is		across from the bank,	
and	the bank	is		next to the post office.	

④ わたしのお父さんは車を運転し、（そして）わたしたちは車の中で映画を見ます。

たまてばこ	だれが	する（です）	だれ・なに	どこ	いつ
	My father	drives	the car,		
and	we	watch	the movie	in the car.	

答え合わせ＋声出し練習
● まちがったところがあったら、ボックスの下に正しい答えを書きましょう。
● 正しい英語の文の音声を聞いて、まねして声に出して言いましょう。

125

● 127 ページ

復習ドリル　日本語の文に合うように、ボックスに単語を入れて英語の文を作りましょう。　／4

① わたしは今日つかれていたので、（わたしは）お風呂に入りました。

たまてばこ	だれが	する（です）	だれ・なに	どこ	いつ
	I	was	tired		today,
so	I	took	a bath.		

② ユリコはおかしを買いたいですが、（かのじょは）お金を持っていません。

たまてばこ	だれが	する（です）	だれ・なに	どこ	いつ
	Yuriko	wants to buy	snacks,		
but	she	doesn't have	money.		

③ 英語のテストは明日なので、わたしは10時まで英語を勉強します。

たまてばこ	だれが	する（です）	だれ・なに	どこ	いつ
	The English test	is			tomorrow,
so	I	study	English		until 10 o'clock.

④ かのじょたちは本屋に行きましたが、（かのじょたちは）本を買いませんでした。

たまてばこ	だれが	する（です）	だれ・なに	どこ	いつ
	They	went		to the bookstore,	
but	they	didn't buy	books.		

答え合わせ＋声出し練習
● まちがったところがあったら、ボックスの下に正しい答えを書きましょう。
● 正しい英語の文の音声を聞いて、まねして声に出して言いましょう。

127

● 129 ページ

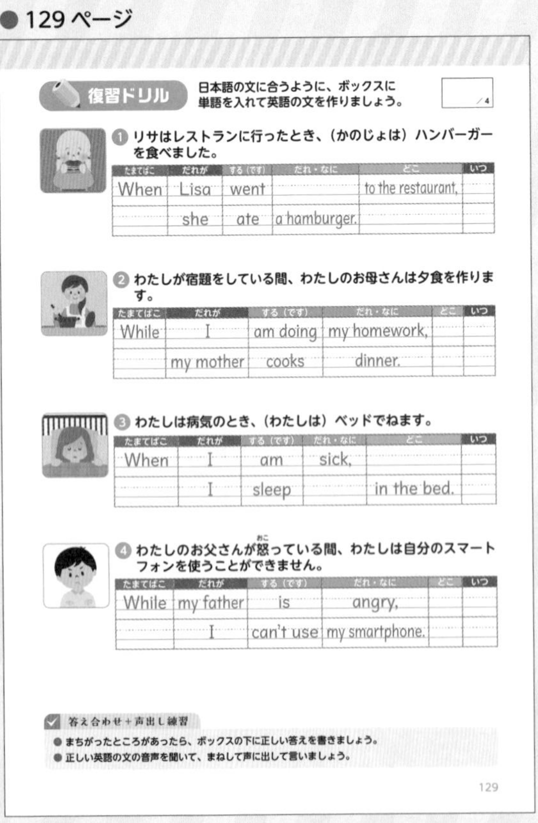

復習ドリル　日本語の文に合うように、ボックスに単語を入れて英語の文を作りましょう。　／4

① リサはレストランに行ったとき、（かのじょは）ハンバーガーを食べました。

たまてばこ	だれが	する（です）	だれ・なに	どこ	いつ
When	Lisa	went		to the restaurant,	
	she	ate	a hamburger.		

② わたしが宿題をしている間、わたしのお母さんは夕食を作ります。

たまてばこ	だれが	する（です）	だれ・なに	どこ	いつ
While	I	am doing	my homework,		
	my mother	cooks	dinner.		

③ わたしは病気のとき、（わたしは）ベッドでねます。

たまてばこ	だれが	する（です）	だれ・なに	どこ	いつ
When	I	am	sick,		
	I	sleep		in the bed.	

④ わたしのお父さんが怒っている間、わたしは自分のスマートフォンを使うことができません。

たまてばこ	だれが	する（です）	だれ・なに	どこ	いつ
While	my father	is	angry,		
	I	can't use	my smartphone.		

答え合わせ＋声出し練習
● まちがったところがあったら、ボックスの下に正しい答えを書きましょう。
● 正しい英語の文の音声を聞いて、まねして声に出して言いましょう。

129

● 131 ページ

復習ドリル　日本語の文に合うように、ボックスに単語を入れて英語の文を作りましょう。　／4

① トオルは野菜が好きなので、かれのお母さんはサラダを作ります。

たまてばこ	だれが	する（です）	だれ・なに	どこ	いつ
Because	Toru	likes	vegetables,		
	his mother	makes	a salad.		

② もし明日雨なら、わたしたちはキャンプに行かないでしょう。

たまてばこ	だれが	する（です）	だれ・なに	どこ	いつ
If	it	is	rainy		tomorrow,
	we	won't go	camping.		

③ ヒロシは英語を話すことが好きなので、かれは毎日マイクとおしゃべりをします。

たまてばこ	だれが	する（です）	だれ・なに	どこ	いつ
Because	Hiroshi	likes	speaking English,		
	he	talks with	Mike		every day.

④ わたしはバスケットボールがしたいので、体育館に行きます。

たまてばこ	だれが	する（です）	だれ・なに	どこ	いつ
Because	I	want to play	basketball,		
	I	go		to the gym.	

答え合わせ＋声出し練習
● まちがったところがあったら、ボックスの下に正しい答えを書きましょう。
● 正しい英語の文の音声を聞いて、まねして声に出して言いましょう。

131